Primaria

Valores Sociales y Cívicos 4

Carmen Pellicer Iborra
Martín Varela Dávila
M.ª Lourdes Pavón Cabrera

ANAYA

Conoce tu libro

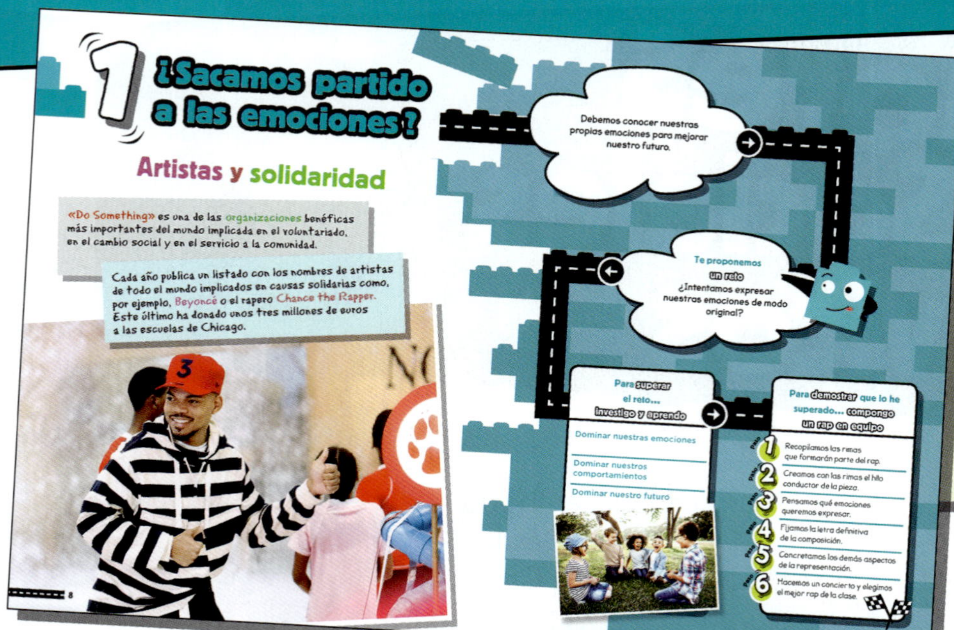

Cada reto se inicia con una doble página de **apertura** que ofrece el punto de partida, propone el **reto** y presenta los **bloques de contenido** y el **producto final**.

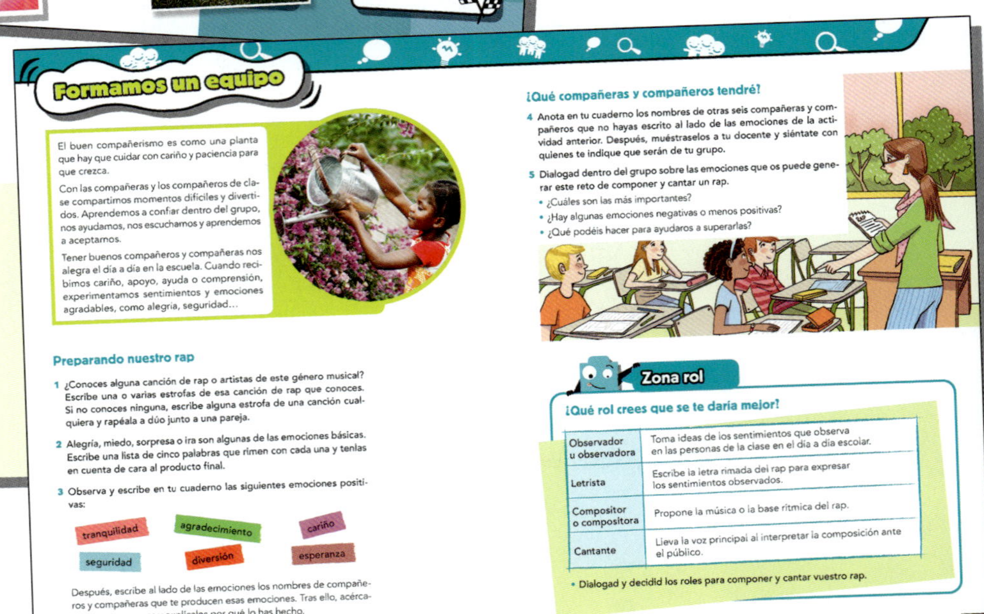

El primer apartado de cada reto es **Formamos un equipo**, donde se crea el equipo de trabajo para cada reto y se establece el rol que cada miembro del equipo desarrollará.

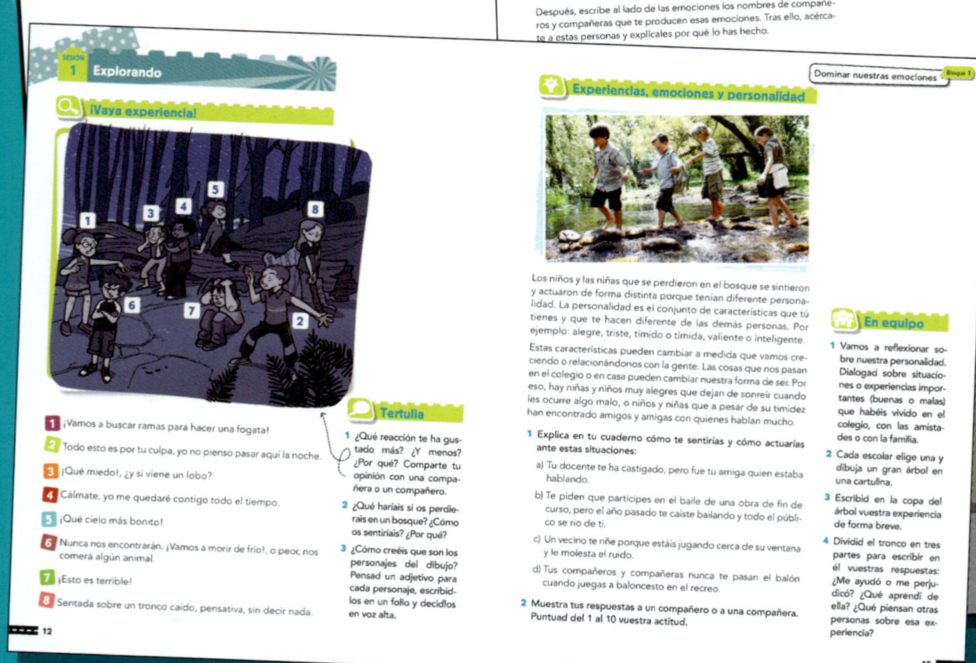

El contenido de los bloques se trabaja en sesiones, compuestas por cuatro fases: punto de partida, tertulia, reconocimiento y en equipo.

Producto final
Un rap en equipo

Vais a expresar todo lo que habéis trabajado y aprendido a lo largo del reto a través de un rap. Debéis componer vuestro rap y, posteriormente, preparar su interpretación para exponerlo ante la clase en un concierto que vais a organizar. Podéis invitar a compañeras y compañeros de otras clases para que asistan al recital.

1. Recoged individualmente las rimas que hicisteis al principio del reto y escribid en vuestros cuadernos algunas más para compartirlas luego con el grupo.
2. Compartid las rimas que habéis escrito y formad una lista con ellas. Después, clasificadlas por tipos de emociones y cread un hilo conductor para la letra completa del rap.
3. Pensad en equipo las siguientes cuestiones:
   - ¿Qué emociones son las que queréis expresar? ¿Por qué?
   - ¿Qué experiencias muestran esas emociones?
   - ¿Qué podemos aprender de esas experiencias?
4. Revisad el material que lleváis preparado y terminad la letra del rap:
   - Poneos de acuerdo en la versión definitiva del texto.
   - Aseguraos que recoge emociones importantes y experiencias de las que puede aprender toda la clase.
5. Determinad los diversos aspectos de interpretación pública del rap:
   - La base rítmica y los efectos musicales.
   - La coreografía y la escenografía (si creéis que son necesarias).
   - El atuendo rapero.
6. Y ahora, ¡a actuar! Una vez que todos los grupos hayan mostrado su rap al público, si queréis, podéis votar la mejor actuación al estilo de los programas de talentos en televisión, con cartulinas siluetadas como puños con el pulgar arriba,

30

Al final de cada reto se desarrolla el apartado **Producto final**, que servirá de síntesis complementaria de los contenidos que se han tratado a lo largo de las sesiones.

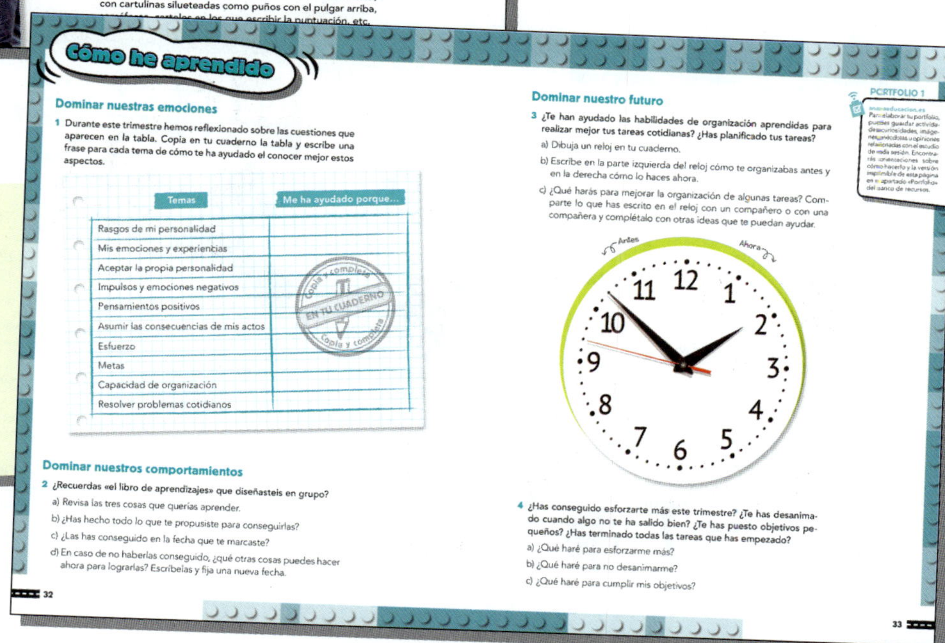

Cómo he aprendido

Dominar nuestras emociones

1 Durante este trimestre hemos reflexionado sobre las cuestiones que aparecen en la tabla. Copia en tu cuaderno la tabla y escribe una frase para cada tema de cómo te ha ayudado el conocer mejor estos aspectos.

Temas	Me ha ayudado porque...
Rasgos de mi personalidad	
Mis emociones y experiencias	
Aceptar la propia personalidad	
Impulsos y emociones negativos	
Pensamientos positivos	
Asumir las consecuencias de mis actos	
Esfuerzo	
Metas	
Capacidad de organización	
Resolver problemas cotidianos	

Copia y completa EN TU CUADERNO

Dominar nuestros comportamientos

2 ¿Recuerdas «el libro de aprendizajes» que diseñasteis en grupo?

a) Revisa las tres cosas que querías aprender.
b) ¿Has hecho todo lo que te propusiste para conseguirlas?
c) ¿Las has conseguido en la fecha que te marcaste?
d) En caso de no haberlas conseguido, ¿qué otras cosas puedes hacer ahora para lograrlas? Escríbelas y fija una nueva fecha.

32

Dominar nuestro futuro

3 ¿Te han ayudado las habilidades de organización aprendidas para realizar mejor tus tareas cotidianas? ¿Has planificado tus tareas?

a) Dibuja un reloj en tu cuaderno.
b) Escribe en la parte izquierda del reloj cómo te organizabas antes y en la derecha cómo lo haces ahora.
c) ¿Qué harás para mejorar la organización de algunas tareas? Comparte lo que has escrito en el reloj con un compañero o con una compañera y complétalo con otras ideas que te puedan ayudar.

Antes Ahora

4 ¿Has conseguido esforzarte más este trimestre? ¿Te has desanimado cuando algo no te ha salido bien? ¿Te has puesto objetivos pequeños? ¿Has terminado todas las tareas que has empezado?

a) ¿Qué haré para esforzarme más?
b) ¿Qué haré para no desanimarme?
c) ¿Qué haré para cumplir mis objetivos?

33

Cada reto finaliza con el apartado **Cómo he aprendido**, en el cual se revisa el proceso de aprendizaje que se ha desarrollado en el reto a manera de portfolio.

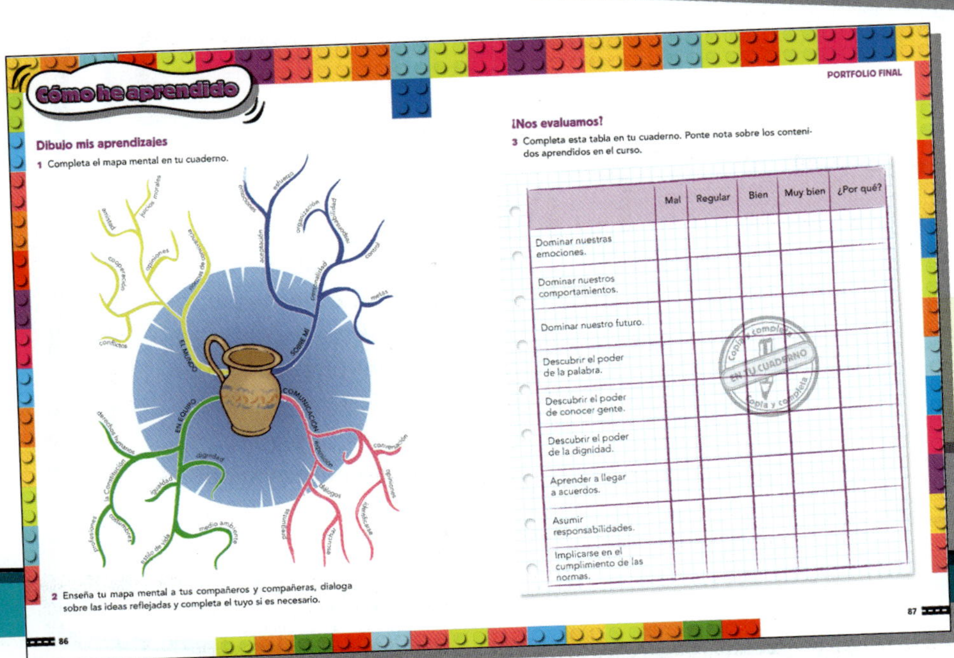

Cómo he aprendido

Dibujo mis aprendizajes

1 Completa el mapa mental en tu cuaderno.

2 Enseña tu mapa mental a tus compañeros y compañeras, dialoga sobre las ideas reflejadas y completa el tuyo si es necesario.

86

PORTFOLIO FINAL

¡Nos evaluamos!

3 Completa esta tabla en tu cuaderno. Ponte nota sobre los contenidos aprendidos en el curso.

	Mal	Regular	Bien	Muy bien	¿Por qué?
Dominar nuestras emociones.					
Dominar nuestros comportamientos.					
Dominar nuestro futuro.					
Descubrir el poder de la palabra.					
Descubrir el poder de conocer gente.					
Descubrir el poder de la dignidad.					
Aprender a llegar a acuerdos.					
Asumir responsabilidades.					
Implicarse en el cumplimiento de las normas.					

Copia y completa EN TU CUADERNO

87

Al finalizar el libro hay un **portfolio final** de curso.

Estructura de las sesiones

Cada una de las sesiones se distribuye en dos páginas, y presenta una estructura de cuatro fases:

Fase 1: Punto de partida. Partimos de una experiencia cercana para que reconozcas tu realidad y tu entorno. Esta fase se identifica con un icono en forma de **lupa**.

Fase 3: Reconocimiento. Reconocemos e interiorizamos el valor estudiado en los diferentes ámbitos de tu vida. Esta fase se identifica con un icono en forma de **bombilla**.

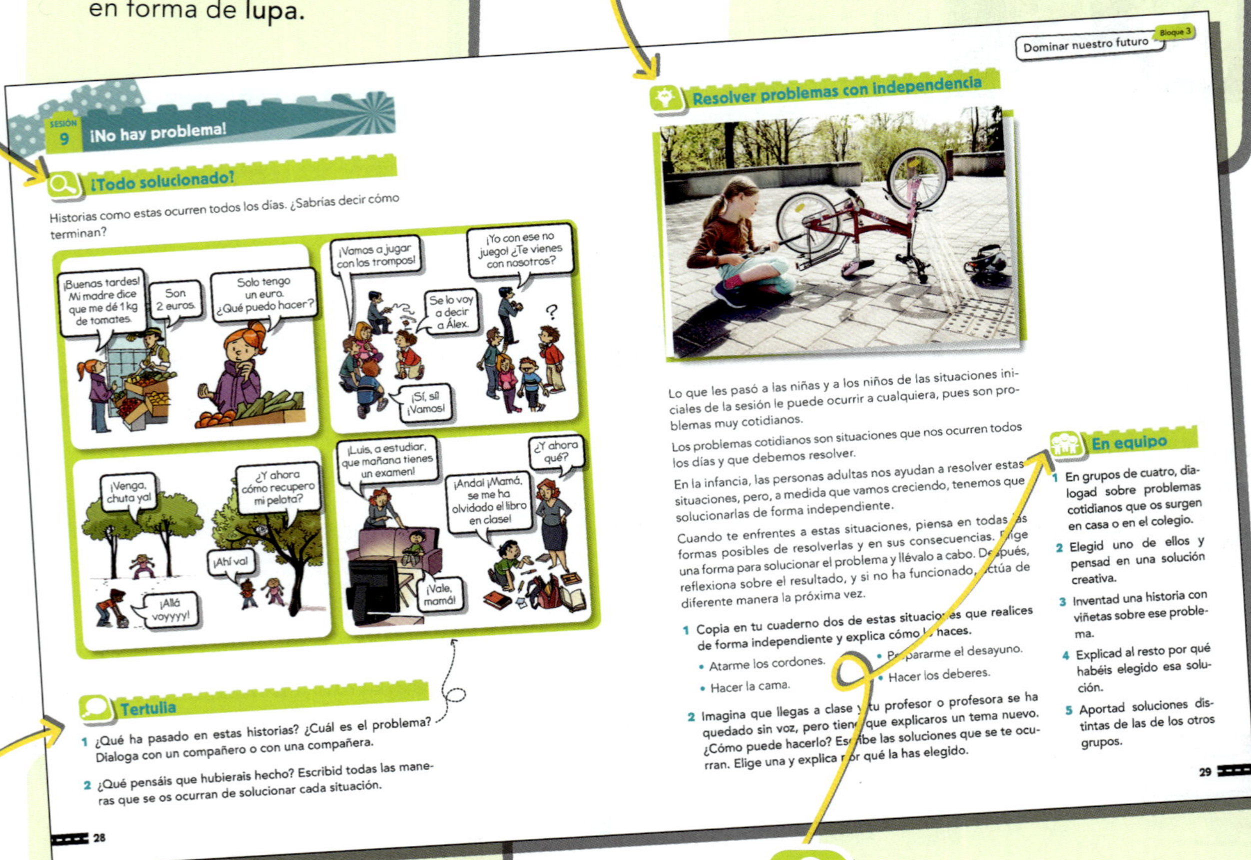

Dominar nuestro futuro — Bloque 3

SESIÓN 9 ¡No hay problema!

¡Todo solucionado!

Historias como estas ocurren todos los días. ¿Sabrías decir cómo terminan?

Tertulia

1 ¿Qué ha pasado en estas historias? ¿Cuál es el problema? Dialoga con un compañero o con una compañera.

2 ¿Qué pensáis que hubierais hecho? Escribid todas las maneras que se os ocurran de solucionar cada situación.

28

Resolver problemas con independencia

Lo que les pasó a las niñas y a los niños de las situaciones iniciales de la sesión le puede ocurrir a cualquiera, pues son problemas muy cotidianos.

Los problemas cotidianos son situaciones que nos ocurren todos los días y que debemos resolver.

En la infancia, las personas adultas nos ayudan a resolver estas situaciones, pero, a medida que vamos creciendo, tenemos que solucionarlas de forma independiente.

Cuando te enfrentes a estas situaciones, piensa en todas las formas posibles de resolverlas y en sus consecuencias. Elige una forma para solucionar el problema y llévalo a cabo. Después, reflexiona sobre el resultado, y si no ha funcionado, actúa de diferente manera la próxima vez.

1 Copia en tu cuaderno dos de estas situaciones que realices de forma independiente y explica cómo lo haces.

- Atarme los cordones.
- Hacer la cama.
- Prepararme el desayuno.
- Hacer los deberes.

2 Imagina que llegas a clase y tu profesor o profesora se ha quedado sin voz, pero tiene que explicaros un tema nuevo. ¿Cómo puede hacerlo? Escribe las soluciones que se te ocurran. Elige una y explica por qué la has elegido.

En equipo

1 En grupos de cuatro, dialogad sobre problemas cotidianos que os surgen en casa o en el colegio.

2 Elegid uno de ellos y pensad en una solución creativa.

3 Inventad una historia con viñetas sobre ese problema.

4 Explicad al resto por qué habéis elegido esa solución.

5 Aportad soluciones distintas de las de los otros grupos.

29

Fase 2: Tertulia. Analizamos un elemento o una situación que después te ayudará a reconocer y a trabajar sobre ese valor. Esta fase se identifica con un icono en forma de **bocadillo de diálogo**.

Fase 4: En equipo. Materializamos el valor trabajado por medio de un objeto que lo simbolice. Este objeto se realizará en una actividad colectiva. Esta fase se identifica con un icono en forma de **grupo de niños y niñas**.

Accede a la web

www.anayaeducacion.es

1 Entra en la web de Anaya Educación y haz clic sobre:

2 Haz clic sobre **Nuevo usuario** y rellena el formulario.

Para darte de alta en la web, debes tener el permiso de tu padre, madre, tutor o tutora legales.

Recibirás un correo electrónico en el *mail* con el que te has registrado. A partir de entonces, podrás acceder a toda la información de la web.

Consulta el banco de recursos

1 Añade tu libro: accede a **Mis recursos** y haz clic sobre el botón **+ Añadir licencia** y, en la ventana que aparece, escribe el código que hay detrás de la cubierta de tu libro.

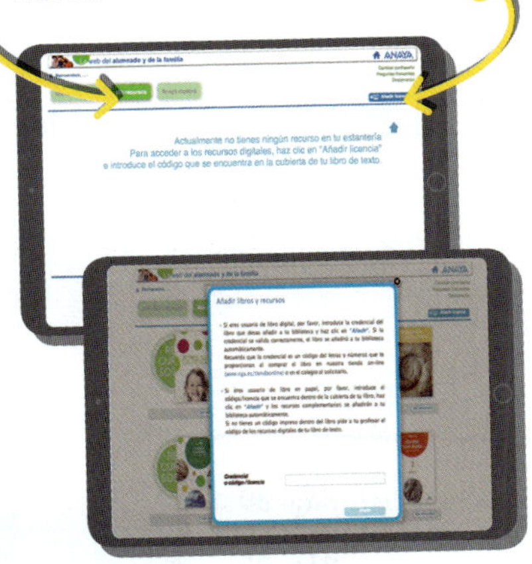

2 Se mostrará la imagen de la web del libro.

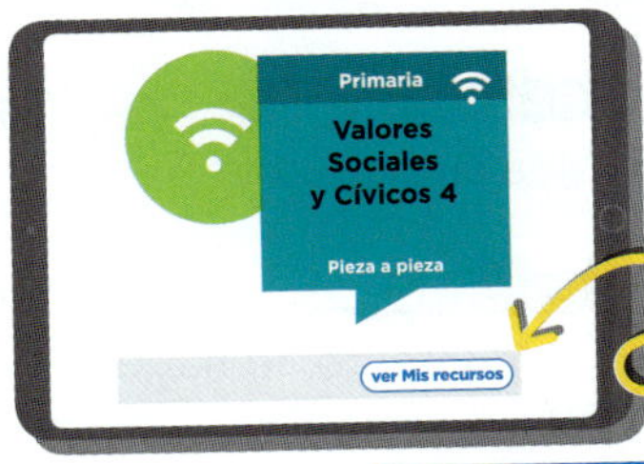

Haz clic sobre **ver Mis recursos**

Y elige tu comunidad:

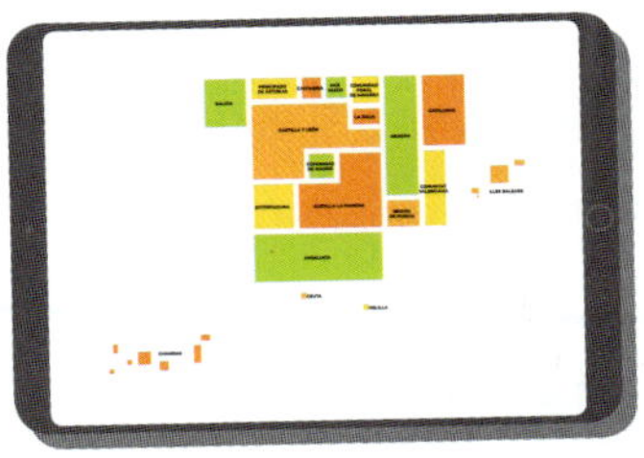

3 Haz clic sobre el botón **Banco de recursos** para abrir el menú desplegable en el que aparecen tus recursos.

Índice

Reto 1 ¿Sacamos partido a las emociones?

1 ¿Sacamos partido a las emociones?

Artistas y solidaridad

«Do Something» es una de las organizaciones benéficas más importantes del mundo implicada en el voluntariado, en el cambio social y en el servicio a la comunidad.

Cada año publica un listado con los nombres de artistas de todo el mundo implicados en causas solidarias como, por ejemplo, Beyoncé o el rapero Chance the Rapper. Este último ha donado unos tres millones de euros a las escuelas de Chicago.

Debemos conocer nuestras propias emociones para mejorar nuestro futuro.

Te proponemos un reto

¿Intentamos expresar nuestras emociones de modo original?

Para superar el reto... investigo y aprendo

- Dominar nuestras emociones
- Dominar nuestros comportamientos
- Dominar nuestro futuro

Para demostrar que lo he superado... compongo un rap en equipo

Paso 1 Recopilamos las rimas que formarán parte del rap.

Paso 2 Creamos con las rimas el hilo conductor de la pieza.

Paso 3 Pensamos qué emociones queremos expresar.

Paso 4 Fijamos la letra definitiva de la composición.

Paso 5 Concretamos los demás aspectos de la representación.

Paso 6 Hacemos un concierto y elegimos el mejor rap de la clase.

Formamos un equipo

El buen compañerismo es como una planta que hay que cuidar con cariño y paciencia para que crezca.

Con las compañeras y los compañeros de clase compartimos momentos difíciles y divertidos. Aprendemos a confiar dentro del grupo, nos ayudamos, nos escuchamos y aprendemos a aceptarnos.

Tener buenos compañeros y compañeras nos alegra el día a día en la escuela. Cuando recibimos cariño, apoyo, ayuda o comprensión, experimentamos sentimientos y emociones agradables, como alegría, seguridad…

Preparando nuestro rap

1 ¿Conoces alguna canción de rap o artistas de este género musical? Escribe una o varias estrofas de esa canción de rap que conoces. Si no conoces ninguna, escribe alguna estrofa de una canción cualquiera y rapéala a dúo junto a una pareja.

2 Alegría, miedo, sorpresa o ira son algunas de las emociones básicas. Escribe una lista de cinco palabras que rimen con cada una y tenlas en cuenta de cara al producto final.

3 Observa y escribe en tu cuaderno las siguientes emociones positivas:

tranquilidad — agradecimiento — cariño

seguridad — diversión — esperanza

Después, escribe al lado de las emociones los nombres de compañeros y compañeras que te producen esas emociones. Tras ello, acércate a estas personas y explícales por qué lo has hecho.

¿Qué compañeras y compañeros tendré?

4 Anota en tu cuaderno los nombres de otras seis compañeras y compañeros que no hayas escrito al lado de las emociones de la actividad anterior. Después, muéstraselos a tu docente y siéntate con quienes te indique que serán de tu grupo.

5 Dialogad dentro del grupo sobre las emociones que os puede generar este reto de componer y cantar un rap.

- ¿Cuáles son las más importantes?
- ¿Hay algunas emociones negativas o menos positivas?
- ¿Qué podéis hacer para ayudaros a superarlas?

Zona rol

¿Qué rol crees que se te daría mejor?

Observador u observadora	Toma ideas de los sentimientos que observa en las personas de la clase en el día a día escolar.
Letrista	Escribe la letra rimada del rap para expresar los sentimientos observados.
Compositor o compositora	Propone la música o la base rítmica del rap.
Cantante	Lleva la voz principal al interpretar la composición ante el público.

- Dialogad y decidid los roles para componer y cantar vuestro rap.

SESIÓN 1

Explorando

¡Vaya experiencia!

1 ¡Vamos a buscar ramas para hacer una fogata!

2 Todo esto es por tu culpa, yo no pienso pasar aquí la noche.

3 ¡Qué miedo!, ¿y si viene un lobo?

4 Cálmate, yo me quedaré contigo todo el tiempo.

5 ¡Qué cielo más bonito!

6 Nunca nos encontrarán. ¡Vamos a morir de frío!, o peor, nos comerá algún animal.

7 ¡Esto es terrible!

8 Sentada sobre un tronco caído, pensativa, sin decir nada.

Tertulia

1 ¿Qué reacción te ha gustado más? ¿Y menos? ¿Por qué? Comparte tu opinión con una compañera o un compañero.

2 ¿Qué haríais si os perdierais en un bosque? ¿Cómo os sentiríais? ¿Por qué?

3 ¿Cómo creéis que son los personajes del dibujo? Pensad un adjetivo para cada personaje, escribidlos en un folio y decidlos en voz alta.

Experiencias, emociones y personalidad

Los niños y las niñas que se perdieron en el bosque se sintieron y actuaron de forma distinta porque tenían diferente personalidad. La personalidad es el conjunto de características que tú tienes y que te hacen diferente de las demás personas. Por ejemplo: alegre, triste, tímido o tímida, valiente o inteligente.

Estas características pueden cambiar a medida que vamos creciendo o relacionándonos con la gente. Las cosas que nos pasan en el colegio o en casa pueden cambiar nuestra forma de ser. Por eso, hay niñas y niños muy alegres que dejan de sonreír cuando les ocurre algo malo, o niños y niñas que a pesar de su timidez han encontrado amigos y amigas con quienes hablan mucho.

1 Explica en tu cuaderno cómo te sentirías y cómo actuarías ante estas situaciones:

a) Tu docente te ha castigado, pero fue tu amiga quien estaba hablando.

b) Te piden que participes en el baile de una obra de fin de curso, pero el año pasado te caíste bailando y todo el público se rio de ti.

c) Un vecino te riñe porque estáis jugando cerca de su ventana y le molesta el ruido.

d) Tus compañeros y compañeras nunca te pasan el balón cuando juegas a baloncesto en el recreo.

2 Muestra tus respuestas a un compañero o a una compañera. Puntuad del 1 al 10 vuestra actitud.

En equipo

1 Vamos a reflexionar sobre nuestra personalidad. Dialogad sobre situaciones o experiencias importantes (buenas o malas) que habéis vivido en el colegio, con las amistades o con la familia.

2 Cada escolar elige una y dibuja un gran árbol en una cartulina.

3 Escribid en la copa del árbol vuestra experiencia de forma breve.

4 Dividid el tronco en tres partes para escribir en él vuestras respuestas: ¿Me ayudó o me perjudicó? ¿Qué aprendí de ella? ¿Qué piensan otras personas sobre esa experiencia?

SESIÓN 2 **Buenas vasijas**

¿Tienes grietas?

LA VASIJA AGRIETADA

Un campesino de la India tenía dos vasijas. Todos los días las llevaba sobre sus hombros y las llenaba en el río. Una de las vasijas tenía varias grietas, y aunque la transportaba con mucho cuidado, siempre derramaba agua por el camino y solo conservaba la mitad del agua. La otra vasija era nueva y nunca perdía ni una gota. Un día, tras años recorriendo el mismo camino, la vasija agrietada dijo al campesino:

—¡Creo que ya es hora de que me cambies por una vasija mejor!

—¿Por qué? —contestó el campesino.

—¿Acaso no te has dado cuenta? Ya no sirvo para nada. Debido a mis grietas, la mitad del agua se pierde en el camino.

El campesino contestó:

—Mira, cuando volvamos a casa quiero que te fijes en las hermosas flores que hay en el camino.

La vasija vio muchas flores hermosas, pero eso no hizo que se sintiera mejor. El campesino la miró y le dijo:

—¿Lo ves?, las flores solo crecen en el lado del camino por donde tú pasas. Siempre supe que tenías grietas, por eso planté semillas de flores, las cuales tú regaste sin darte cuenta.

Adaptación del cuento «La vasija agrietada».

Tertulia

1 **¿Piensas que las grietas eran algo bueno o algo malo para la vasija? ¿Y para el campesino? ¿Por qué? Explícaselo a una compañera o a un compañero.**

a) ¿Crees que a la vasija le gustaban sus grietas? ¿En qué frases lo notas?

b) ¿Por qué crees que la vasija agrietada pidió al campesino que la cambiase?

Confío en mí y me acepto como soy

A muchas personas les pasa igual que a la vieja vasija: solo ven sus defectos o las cosas que hacen mal. Creen que no tienen nada bueno y se comparan con otras personas.

La perfección no existe; todas las personas tenemos grietas o defectos que debemos aceptar para ser felices.

Aceptarnos como somos significa sentir orgullo por las cosas que hacemos bien, no sentirnos mal por las cosas que se nos dan peor e intentar superarnos cada día más.

¡No lo olvidéis! ¡Tenéis algo especial!

1 **Copia en tu cuaderno y responde a la pregunta. ¿Cuáles son tus grietas?**

Tengo que reconocer que a veces soy (...), porque (...).

2 **Desenreda estas cualidades personales y escríbelas en tu cuaderno. Elige las tres que más creas que tengas y pon algún ejemplo explicando qué cosas has conseguido gracias a esas cualidades.**

alidadmbai lingeciainte neridadsic
caoriñ insablresipodad rumho tíalenva
agrelía negerisodad caedución

En equipo

1 Aprendemos que todas las vasijas son útiles. En grupos de cuatro, dibujad dos vasijas en láminas A-3, una vieja con grietas y la otra nueva.

2 Escribid en la vasija nueva las tres cosas que cada escolar hace muy bien y en la vieja los tres defectos o cosas que quisiera mejorar.

3 Recortadlas, unidlas con una cuerda y colgadlas en la pared.

4 Mirad las vasijas de otros grupos y compartid en gran grupo consejos para reparar vuestras grietas.

SESIÓN 3

¿Cuándo morderse la lengua?

¡Vaya lengua!

Las personas que escribieron estas frases consideran que la lengua es un órgano muy poderoso. ¿Estás de acuerdo? ¿Por qué?

¡Enfrenta la lengua: considera y rumia las palabras antes de que salgan de tu boca!

Quien no ponga freno a la lengua que no se extrañe de las desgracias que le sucedan.

¡Muérdete la lengua!

Por la boca muere el pez.

¡Ponga el cerebro en movimiento antes de poner la lengua en movimiento!

Las palabras no pueden recogerse una vez pronunciadas.

Tertulia

1 Elige una de las frases del inicio de la sesión y explícasela al compañero o a la compañera. ¿Qué piensas que quieren decir estas frases?

2 Explica a quién le diríais estas frases.

3 ¿Pensáis que es importante «morderse la lengua»? ¿Cuándo? ¿Por qué? Poned algún ejemplo.

4 ¿Crees que las palabras se las lleva el viento?

Controlar mis impulsos al hablar

Un impulso es un deseo o una emoción que nos puede llevar a decir cosas sin reflexionar.

No es fácil «morderse la lengua» cuando algo no nos gusta, cuando nos gastan una broma pesada o cuando estamos enfadados; pero si decimos lo primero que se nos pasa por la cabeza, podemos empeorar la situación.

Por eso, cuenta hasta diez antes de hablar. Piensa lo que vas a decir y cómo vas a decirlo. No dejes que tus palabras te perjudiquen o dañen a otras personas.

1 **Copia en tu cuaderno las frases en las que aprecies que no se controlan los impulsos.**

—¡Eres una vaga, así no podremos acabar el trabajo!

—¡Si no haces tu parte, no acabaremos el trabajo!

—¡Déjame en paz! ¡¿No ves que estoy hablando por teléfono?!

—Ahora no puedo escucharte, estoy hablando por teléfono.

—¡Eres un mentiroso, no quiero verte nunca más!

—¡Me siento mal cuando me mientes, y si no cambias, no podremos jugar!

2 **Cámbialas por otras mejor expresadas. ¿Cómo lo dirías?**

En equipo

1 Escoged una de las frases de la actividad anterior.

2 Inventad un rap que exprese su significado y que muestre cómo podéis controlar vuestros impulsos.

3 Cantadlo delante de las compañeras y de los compañeros, y votad el mejor.

SESIÓN 4

Cambia de canal

¡Zapeando!

En 1956 aparece el mando a distancia, y treinta años después, la televisión por cable. Es entonces cuando, además de ver la televisión, empezamos a hacer *zapping* o zapear.

El zapeo es el acto de cambiar repetidamente de un canal de televisión a otro.

Antes se cambiaba de canal durante la publicidad, pero ahora la gente cambia de canal por muchos motivos. ¿Se te ocurre alguno?

Tertulia

1. ¿Qué imagen te gusta más? ¿Cuál te gusta menos? ¿Por qué? Explícaselo a un compañero o a una compañera.
2. Cuando tenéis el mando del televisor, ¿por qué cambiáis de canal?
3. ¿Cuáles son vuestros canales de televisión favoritos? Haced una lista y escribid cómo os sentís cuando los veis.

El zapeo mental

Cuando alguien nos rechaza, o tenemos problemas o nos equivocamos, nuestra cabeza se puede llenar de pensamientos negativos como «lo he hecho fatal», «soy un desastre» o «nunca lo conseguiré». Para cambiar esos pensamientos, podemos hacer «zapeo mental».

Imagina que tienes un mando para cambiar tu forma de pensar. El canal-1 será el de las malas noticias (pensamientos negativos); el canal-2, el de las noticias positivas (pensamientos positivos como «puedo hacerlo», «soy inteligente»).

Cuando todo lo veas negro, pon el canal-2, elige el pensamiento adecuado y muy pronto mejorarás. También puedes inventarte un canal para relajarte y otro para pensar. Tú tienes el control. ¡Empieza a disfrutar!

1 **Dibuja en tu cuaderno dos televisores. En uno copia los pensamientos negativos (canal-1) y en otro los positivos (canal-2).**

Voy a esforzarme para terminarlo / Nunca se me dará bien el tenis / Tengo buenas amigas y amigos / Hoy va a ser un mal día / Soy una persona muy vaga / Puedo trabajar más / Tengo muchas cualidades / Nadie me quiere / Voy a entrenar para mejorar / Igual no me ha visto / Todo me saldrá bien / No ha querido saludarme / No puedo terminar el trabajo / No valgo para nada.

Añade tus propios pensamientos a cada canal.

En equipo

1 **Dibujad un mando en una cartulina A-4.**

2 **Contad por turnos alguna situación o algún problema que os haya hecho tener pensamientos negativos.**

3 **Cuando escuchéis palabras o expresiones negativas, pulsad el número 2 y quien habla tendrá que decir lo mismo de forma positiva.**

4 **La persona que pulsó el botón puede ayudar a quien habla a pensar en positivo.**

¿Roja directa?

Tertulia

1 Formad parejas y dialogad sobre las preguntas siguientes:

a) ¿Qué consecuencias provoca la forma de actuar del jugador n.º 10?

b) ¿Por qué algunos jugadores de fútbol protestan al árbitro cuando hacen una falta?

c) ¿Soléis protestar cuando hacéis algo que no está bien para evitar las consecuencias? Contad un ejemplo.

Asumir las consecuencias de nuestros actos

Ser responsables es cumplir con nuestras obligaciones y, también, asumir las consecuencias de nuestros actos.

¿Qué crees que puede pasar si juegas toda la tarde y no haces los deberes? ¿Y si cuando te diriges a los compañeros y a las compañeras, casi siempre les insultas?

Todo lo que decimos y hacemos tiene unas consecuencias, y debemos aceptarlas. No está bien poner excusas, mentir o echar la culpa a otras personas. Tú eres responsable de tus actos, y si lo haces, las personas que confían en ti pueden dejar de hacerlo.

1 **De los personajes cuyos nombres aparecen a continuación, ¿quiénes no asumen las consecuencias de sus actos? ¿Por qué? Reescribe en tu cuaderno las frases para que actúen de forma responsable.**

Rocío: No he aprobado el examen porque era muy difícil.

Álvaro: He suspendido Plástica porque no he entregado los trabajos.

Ramón: Se me olvidó el libro, y por eso no he hecho los deberes.

Ana: Nos han metido muchas canastas porque no hemos defendido bien.

Jesús: Llegué tarde porque mi amigo Marcos me ha entretenido en la puerta.

2 **Los adultos confían en las niñas y en los niños responsables. ¿Qué haces tú para que tus familiares adultos confíen en ti? ¿Y para que confíe tu docente? Escríbelo.**

En equipo

1 Por tríos, haced una tarjeta roja y otra verde en tamaño folio. Hablad sobre vuestra actitud en casa y en el colegio.

2 Escribid una historia donde haya unos personajes que acepten las consecuencias de sus actos y otros personajes que no.

3 Cada grupo leerá su historia en voz alta.

4 Levantad la tarjeta roja cuando escuchéis actitudes que no sean responsables y la verde cuando sí lo sean.

SESIÓN 6

No lo intento, lo hago

¡No te rindas!

Están los que usan siempre la misma ropa.
Están los que llevan amuletos.
Los que hacen promesas.
Los que imploran mirando al cielo.
Los que creen en supersticiones.
Y están los que siguen corriendo cuando les tiemblan las piernas.
Los que siguen jugando cuando se termina el aire.
Los que siguen luchando cuando todo parece estar perdido.
Como si cada vez fuera la última vez.
Convencidos de que la vida misma es un desafío.
Sufren. Pero no se quejan.
Porque saben que el dolor pasa.
El sudor se seca. El cansancio termina.
Pero hay algo que nunca desaparecerá:
«la satisfacción de haberlo logrado».

Fragmento del poema «Los que son y los que están», de Richard Moisés Franco Conislla.

Tertulia

1 ¿De qué creéis que trata este poema? Explícaselo a un compañero o a una compañera.

2 ¿Qué tipo de persona describe el poema en las cuatro primeras líneas? ¿Y en el resto del poema? ¿Cuál os gusta más? ¿Por qué?

3 ¿Qué significa la última frase del texto? ¿Os habéis sentido así alguna vez? Cuéntaselo a tu compañera o compañero.

Esforzarse para hacer las tareas

Muchas cosas importantes en la vida se consiguen con esfuerzo. El esfuerzo es la capacidad que nos permite hacer cosas difíciles y alcanzar nuestras metas.

Para hacer los deberes, realizar un trabajo o aprobar un examen, tienes que esforzarte. ¿Y cómo se hace esto?

Trata de ser constante, es decir, trabaja un poquito cada día. Ponte objetivos pequeños, no intentes hacer todo a la vez y termina siempre lo que empieces.

Trabaja con alegría y si algo no te sale bien, no te desanimes, sigue intentándolo, porque «el esfuerzo siempre da sus frutos».

1 **Copia en tu cuaderno y une con flechas cada palabra con un antónimo y un sinónimo. Busca en el diccionario las palabras que no entiendas y rodéalas en tu cuaderno.**

Antónimo	Palabra	Sinónimo
impaciencia	trabajo	calma
tristeza	paciencia	orden
inconstancia	disciplina	sacrificio
pereza	entusiasmo	perseverancia
desorden	constancia	ilusión

¿Cuáles de estas cinco palabras te ayudan a esforzarte más? ¿Por qué? Rodéalas.

2 **Explica el significado de esta frase en tu cuaderno.**

«¡Qué extraño: cuanto más me esfuerzo, más suerte tengo!»

(Henry Ford).

En equipo

1 **Dialogad sobre las tareas del colegio que os cuestan más.**

2 **Elegid individualmente una tarea e inventad un poema corto que muestre cómo os esforzáis para realizarlas.**

3 **Intercambiad vuestros poemas con otros grupos y leedlos. ¿Cuál os ha gustado más?**

Pequeñas acciones para grandes metas

Dylan y Jonah tienen ocho años y ambos viven en California. Se conocieron en preescolar y desde entonces son inseparables. Jonah tiene una enfermedad rara llamada «glucogenosis» y sufre recaídas con frecuencia; Dylan quiere que se cure.

A los seis años, a Dylan se le ocurrió la idea de escribir un libro para recaudar dinero para su amigo. Cuando lo terminó, le dijo a su madre: «¿Puedes hacer copias para vender?». Dylan insistió con tanta ilusión que su madre terminó haciendo las copias.

La idea de Dylan se ha hecho realidad. Su libro se llama *Chocolate bar*. El libro no tiene precio, cada cual aporta lo que puede, como si fuese un donativo.

En dos años se han vendido 20 000 ejemplares en cincuenta y seis países. Dylan quiere llegar al millón de dólares y no parar de hacer cosas hasta que Jonah se cure. ¿Qué hará para conseguirlo? ¿Qué nuevas ideas tendrá Dylan?

Tertulia

1. Dibuja un camino con pasos y escribe en ellos lo que ha hecho Dylan para conseguir su deseo. Comenta tu línea con un compañero o con una compañera.
2. ¿Qué personas pensáis que han ayudado a Dylan? ¿Cómo le han ayudado?
3. ¿Qué otras cosas podría hacer Dylan para ayudar a Jonah? Haced una lista y leedlas en voz alta.

Plantear y afrontar metas personales

Como dice la noticia, la meta de Dylan es curar a su amigo. Una meta es el objetivo que alguien se marca, es lo que se quiere conseguir.

Las metas no se consiguen solas, hay que ir paso a paso, esforzarse y, a veces, pedir ayuda. También es necesario tener ilusión.

Para conseguirlas, debes partir de la pregunta: ¿qué es lo que quiero hacer? Divide tu meta en partes, no intentes hacerlo todo a la vez. Después, piensa las cosas que se te dan bien y aquellas en las que necesitarás ayuda. Y ponte una fecha límite para cumplirlas, pues esto te ayudará a ser responsable y a organizarte mejor.

1 **Escribe en tu cuaderno los pasos que sigues para conseguir las siguientes cosas:**

a) Llegar puntual al colegio.

b) Divertirte en el recreo.

c) Aprobar un examen.

d) Hacer nuevas amistades.

2 **Escribe una meta que quieras realizar. Divídela en partes y piensa una fecha límite para cumplirla.**

En equipo

1 Vamos a crear nuestro propio «libro de aprendizajes». Piensa en tres cosas que estés aprendiendo o que quieras aprender (TUS OBJETIVOS).

2 Dibuja cada una de ellas en un folio y piensa qué vas a hacer para aprenderlas (ACCIONES).

3 Dialoga con tus compañeras y compañeros para que te den más ideas.

4 Escribe debajo de cada dibujo las acciones y la fecha límite para cumplirlas.

5 Unid vuestros folios con una carpeta de cartulina.

6 Ponedle título y leedlo en voz alta.

SESIÓN 8

Todo tiene su lugar

Especialistas en organización

Aunque parezca increíble, lo que ves es una ciudad subterránea hecha por hormigas. Un equipo de estudios biológicos introdujo por la entrada de un hormiguero abandonado 10 toneladas de cemento líquido. Cuando el cemento se secó retiraron la tierra que lo envolvía. Lo que descubrieron era un inmenso entramado de túneles y cámaras ¿Cómo es posible que un animal tan pequeño pueda construir algo así? Con mucha organización.

En un hormiguero, cada cosa está en su lugar. Tienen almacenes de comida, habitaciones, basureros, guarderías, zona de cultivo de hongos e, incluso, una cámara real para la hormiga reina. El secreto de la organización de las hormigas reside en la especialización. Cada hormiga sabe desde que nace cuál es su trabajo y lo repite todos los días hasta que lo hace a la perfección.

Tertulia

1 ¿Te consideras una persona organizada? ¿Por qué? Coméntalo con una compañera o con un compañero.

2 ¿Pensáis que es importante la organización en la vida cotidiana? ¿Por qué?

3 ¿Tenéis algún secreto para organizaros mejor? Haced una lista con todos vuestros secretos y leedla en voz alta.

Organización para las tareas cotidianas

A medida que os hacéis mayores, aumenta el número de actividades y tareas que tenéis que hacer durante la semana: deberes, actividades extraescolares, eventos sociales como cumpleaños, etc. Para poder realizarlas, es necesario desarrollar la capacidad de organización, la cual consiste en tres habilidades:

1. **Planificar.** Es pensar y ordenar las actividades antes de hacerlas.
2. **Priorizar.** Significa llevar a cabo las actividades por orden de importancia. A veces, las más importantes no son las que más nos gustan.
3. **Aprovechar el tiempo.** Consiste en no perder el tiempo y emplearlo de forma útil.

Para que tengas un control de tu tiempo, es recomendable que elabores un horario semanal con los días y las horas a las que debes realizar tus actividades. No olvides incluir los momentos para comer, asearte, jugar y descansar. De este modo sabrás lo que hacer en cada momento y no se te olvidará nada.

1 **Copia en tu cuaderno las siguientes actividades por orden de importancia:**

> Jugar en la calle con amigos y amigas /
> Hacer los deberes / Ir a una fiesta de cumpleaños /
> Entrenar con tu equipo / Ver la televisión / Hacer la cama

2 **Explica por qué es importante cada cosa para ti.**

En equipo

1 Vamos a hacer nuestro «mural de la organización». Para ello, dialogad en grupo sobre aquellas cosas y acciones que os ayudan a realizar vuestras actividades con más organización y sobre las que no.

2 Dibujad un hormiguero con muchos túneles y departamentos.

3 Escribid y dibujad las acciones y cosas en túneles y departamentos.

4 Haced un departamento donde metáis todo lo que os impide organizaros bien.

5 Exponed vuestro mural ante la clase.

SESIÓN 9

¡No hay problema!

¿Todo solucionado?

Historias como estas ocurren todos los días. ¿Sabrías decir cómo terminan?

Tertulia

1 ¿Qué ha pasado en estas historias? ¿Cuál es el problema? Dialoga con un compañero o con una compañera.

2 ¿Qué pensáis que hubierais hecho? Escribid todas las maneras que se os ocurran de solucionar cada situación.

Resolver problemas con independencia

Lo que les pasó a las niñas y a los niños de las situaciones iniciales de la sesión le puede ocurrir a cualquiera, pues son problemas muy cotidianos.

Los problemas cotidianos son situaciones que nos ocurren todos los días y que debemos resolver.

En la infancia, las personas adultas nos ayudan a resolver estas situaciones, pero, a medida que vamos creciendo, tenemos que solucionarlas de forma independiente.

Cuando te enfrentes a estas situaciones, piensa en todas las formas posibles de resolverlas y en sus consecuencias. Elige una forma para solucionar el problema y llévalo a cabo. Después, reflexiona sobre el resultado, y si no ha funcionado, actúa de diferente manera la próxima vez.

1 **Copia en tu cuaderno dos de estas situaciones que realices de forma independiente y explica cómo lo haces.**

- Atarme los cordones.
- Prepararme el desayuno.
- Hacer la cama.
- Hacer los deberes.

2 **Imagina que llegas a clase y tu profesor o profesora se ha quedado sin voz, pero tiene que explicaros un tema nuevo. ¿Cómo puede hacerlo? Escribe las soluciones que se te ocurran. Elige una y explica por qué la has elegido.**

En equipo

1 En grupos de cuatro, dialogad sobre problemas cotidianos que os surgen en casa o en el colegio.

2 Elegid uno de ellos y pensad en una solución creativa.

3 Inventad una historia con viñetas sobre ese problema.

4 Explicad al resto por qué habéis elegido esa solución.

5 Aportad soluciones distintas de las de los otros grupos.

Producto final

Un rap en equipo

Vais a expresar todo lo que habéis trabajado y aprendido a lo largo del reto a través de un rap. Debéis componer vuestro rap y, posteriormente, preparar su interpretación para exponerlo ante la clase en un concierto que vais a organizar. Podéis invitar a compañeras y compañeros de otras clases para que asistan al recital.

1. Recoged individualmente las rimas que hicisteis al principio del reto y escribid en vuestros cuadernos algunas más para compartirlas luego con el grupo.

2. Compartid las rimas que habéis escrito y formad una lista con ellas. Después, clasificadlas por tipos de emociones y cread un hilo conductor para la letra completa del rap.

3. Pensad en equipo las siguientes cuestiones:

- ¿Qué emociones son las que queréis expresar? ¿Por qué?
- ¿Qué experiencias muestran esas emociones?
- ¿Qué podemos aprender de esas experiencias?

4 Revisad el material que lleváis preparado y terminad la letra del rap:

- Poneos de acuerdo en la versión definitiva del texto.
- Aseguraos que recoge emociones importantes y experiencias de las que puede aprender toda la clase.

5 Determinad los diversos aspectos de interpretación pública del rap:

- La base rítmica y los efectos musicales.
- La coreografía y la escenografía (si creéis que son necesarias).
- El atuendo rapero.

6 Y ahora, ¡a actuar! Una vez que todos los grupos hayan mostrado su rap al público, si queréis, podéis votar la mejor actuación al estilo de los programas de talentos en televisión, con cartulinas silueteadas como puños con el pulgar arriba, semáforos, carteles en los que escribir la puntuación, etc.

Cómo he aprendido

Dominar nuestras emociones

1 Durante este trimestre hemos reflexionado sobre las cuestiones que aparecen en la tabla. Copia en tu cuaderno la tabla y escribe una frase para cada tema de cómo te ha ayudado el conocer mejor estos aspectos.

Temas	Me ha ayudado porque…
Rasgos de mi personalidad	
Mis emociones y experiencias	
Aceptar la propia personalidad	
Impulsos y emociones negativos	
Pensamientos positivos	
Asumir las consecuencias de mis actos	
Esfuerzo	
Metas	
Capacidad de organización	
Resolver problemas cotidianos	

Copia y completa EN TU CUADERNO Copia y completa

Dominar nuestros comportamientos

2 ¿Recuerdas «el libro de aprendizajes» que diseñasteis en grupo?

a) Revisa las tres cosas que querías aprender.

b) ¿Has hecho todo lo que te propusiste para conseguirlas?

c) ¿Las has conseguido en la fecha que te marcaste?

d) En caso de no haberlas conseguido, ¿qué otras cosas puedes hacer ahora para lograrlas? Escríbelas y fija una nueva fecha.

Dominar nuestro futuro

3 **¿Te han ayudado las habilidades de organización aprendidas para realizar mejor tus tareas cotidianas? ¿Has planificado tus tareas?**

a) Dibuja un reloj en tu cuaderno.

b) Escribe en la parte izquierda del reloj cómo te organizabas antes y en la derecha cómo lo haces ahora.

c) ¿Qué harás para mejorar la organización de algunas tareas? Comparte lo que has escrito en el reloj con un compañero o con una compañera y complétalo con otras ideas que te puedan ayudar.

4 **¿Has conseguido esforzarte más este trimestre? ¿Te has desanimado cuando algo no te ha salido bien? ¿Te has puesto objetivos pequeños? ¿Has terminado todas las tareas que has empezado?**

a) ¿Qué haré para esforzarme más?

b) ¿Qué haré para no desanimarme?

c) ¿Qué haré para cumplir mis objetivos?

PORTFOLIO 1

anayaeducacion.es
Para elaborar tu portfolio, puedes guardar actividades, curiosidades, imágenes, anécdotas u opiniones relacionadas con el estudio de cada sesión. Encontrarás orientaciones sobre cómo hacerlo y la versión imprimible de esta página en el apartado «Portfolio» del banco de recursos.

2 ¿Podemos aportar algo a la sociedad?

Empatizar, escuchar, actuar...

Teléfono de la esperanza
telefonodelaesperanza.org

El «teléfono de la esperanza» es una ONG que escucha a quien lo necesita y está disponible las veinticuatro horas del día. A este teléfono llaman personas que tienen miedo, se sienten solas o necesitan contar sus problemas a alguien.

Los orientadores y las orientadoras que responden al teléfono son personas voluntarias que han sido preparadas, durante un año, para saber escuchar y hacer que quien llama se desahogue y encuentre la manera de resolver sus problemas. ¿Te gustaría aprender a escuchar?

Es necesario comprender que cualquier pequeña cosa que hagamos por cualquier persona tiene un impacto positivo sobre toda la sociedad.

Te proponemos un reto

¿Mejoramos la calidad de vida de un grupo mediante la ayuda?

Para superar el reto... investigo y aprendo

- Descubrir el poder de la palabra
- Descubrir el poder de conocer gente
- Descubrir el poder de la dignidad

Para demostrar que lo he superado... creo un comité de consejería escolar

Paso 1. Demostramos nuestras habilidades de mediación.

Paso 2. Definimos los criterios para valorar un buen consejo.

Paso 3. Hacemos un listado de posibles consejos y sus respuestas.

Paso 4. Ponemos en común esos consejos.

Paso 5. Llevamos a cabo la consejería escolar.

Paso 6. Creamos un listado de los mejores consejos.

Formamos un equipo

La persona que llama al «teléfono de la esperanza» busca que alguien le comprenda y le escuche de verdad. El personal voluntario lo sabe y por eso aprende distintas habilidades de escucha. Algunas de las más importantes son:

- Clarificar. Aclarar lo que ha dicho la otra persona.
- Parafrasear. Repetir con las propias palabras las ideas expresadas por quien habla.
- Resumir. Ordenar y explicar lo dicho de una forma breve.

Estas habilidades les ayudan a conectar con la persona que llama, pues les escuchan de una forma activa, sin interrumpir ni criticar.

¿Tenemos habilidades para escuchar?

1 Dialoga con el mayor número posible de compañeros y compañeras en clase. Vuestro docente os organizará para que vayáis cambiando de pareja cada dos o tres minutos. En vuestros diálogos, debéis intentar poner en práctica las tres habilidades para la escucha anteriormente mencionadas.

2 Haz en tu cuaderno una tabla como esta y anota en ella a las compañeras y a los compañeros que hayan mostrado destreza en el manejo de esas habilidades.

Clarificar	Parafrasear	Resumir

Copia y completa EN TU CUADERNO Copia y completa

¿Qué compañeras y compañeros tendré?

3 Anota en tu cuaderno los nombres de los compañeros y de las compañeras que te ha asignado tu docente. Dialogad en grupo sobre las habilidades que han mostrado en las conversaciones. ¿En cuáles han destacado? ¿Y en cuáles no?

4 Anota también en el cuaderno las respuestas a estas preguntas:

- ¿Quién creéis que tiene más habilidades?
- ¿Podréis aprender en conjunto a mejorarlas? ¿Cómo?

5 Poneos unos objetivos individuales para mejorar vuestras habilidades y anotadlos en vuestro cuaderno: los revisaremos al final del reto.

«Yo para mejorar mis habilidades, debería aprender a...».

Zona rol

¿Qué rol crees que se te daría mejor?

Académico o académica	Aconseja sobre dificultades con el aprendizaje de las diferentes asignaturas.
Mediadora o mediador de conflictos	Ayuda a quienes se acerquen para consultar sobre conflictos y su resolución.
Responsable de relaciones	Asesora sobre el modo de relacionarse entre las personas de la clase.
Organizador u organizadora	Indica cómo organizarse, tanto en lo relacionado con las pertenencias propias como para realizar tareas o cumplir compromisos.

- Dialogad y decidid los roles para vuestro comité de consejería escolar.

SESIÓN 10

Somos conferenciantes

¡Y tú? ¡Te atreves?

«El don de la oratoria»

«Prefiero morir a hablar en público»

«El poder de la palabra»

Estas frases son titulares del periódico que nos hablan sobre la oratoria. La oratoria es el arte de hablar para convencer o emocionar a la persona que te escucha.

Probablemente te hayas divertido con la explicación de algún docente, pero a lo mejor te has aburrido con otras.

Hay niños y niñas a los que les encanta salir a la pizarr, pero también hay niñas y niños que desearían que les «tragara la tierra» cuando les toca exponer. ¿Cuál de estos tipos de personas quieres ser tú? ¿Te atreves a aprender este arte?

Tertulia

1 Busca a un compañero o a una compañera y explícale con tus palabras lo que significan esos dos titulares.

2 ¿Os gusta hablar en público? ¿Por qué?

3 Imaginad que una de vuestras mejores amigas o vuestros amigos tienen que exponer un trabajo en clase. ¿Qué consejos les daríais? Anotadlos y explicádselos.

Ritmo y entonación adecuados

Nos resulta fácil hablar con alguien familiar o explicarle un tema que tenemos que repasar. Pero cuando debemos exponer un trabajo delante de muchas personas, hay quien se echa a temblar. ¿Por qué ocurre esto?

Cuando hablamos en público, somos conscientes de que debemos expresarnos de una manera diferente de como lo hacemos en una conversación. Todo el público nos está escuchando y, por tanto, debemos hacerlo con un ritmo y un tono de voz adecuados.

El ritmo es la velocidad a la que hablamos y la facilidad con la que usamos las palabras. El tono de voz da emoción a lo que estamos diciendo, y puede ser alto o bajo. Para hacer una buena exposición oral, debéis emplear un tono de voz alto para que toda la gente os escuche, pero nunca gritar.

1 Para exponer bien, hay que practicar. Lee varias veces esta poesía cambiando el ritmo y la entonación ¿Qué ha pasado?

MARIPOSA

Mariposa del aire,
¡qué hermosa eres!
Mariposa del aire
dorada y verde.
Luz de candil...
Mariposa del aire,
quédate ahí, ahí, ahí.
No te quieres parar,
pararte no quieres...
Mariposa del aire
dorada y verde.
Luz de candil...
Mariposa del aire,
quédate ahí, ahí, ahí.
Quédate ahí.
Mariposa, ¿estás ahí?

En equipo

1 ¡Vamos a exponer de verdad! Formad grupos y pensad temas sobre los que os guste hablar.

2 Elegid uno y preparad una exposición oral que no dure más de cinco minutos. Todas las personas del grupo debéis hablar.

3 Haced una tabla como la de la derecha y puntuad del 1 al 10 el ritmo y la entonación de los otros grupos.

Grupo / Tema	Ritmo	Entonación
1.º		
2.º		
3.º		
4.º		
5.º		

Copia y completa EN TU CUADERNO

Pequeñas entrevistas

¿Quieres conversar?

¿Conocéis a este personaje? Es la Rana Gustavo. En 1955 empezó su carrera en un programa de televisión llamado «Los Teleñecos» y más tarde trabajó como reportero en «Barrio Sésamo».

En este programa entrevistó a personajes tan conocidos como Pinocho, la Bella Durmiente, Cristóbal Colón o el primer presidente de los Estados Unidos, el señor George Washington.

Desde entonces se le conoce como «el reportero más dicharachero», pues tiene una forma muy divertida de preguntar. Lleva más de cincuenta años haciendo entrevistas. Ahora tiene su propio blog en Internet y sigue haciendo entrevistas sin parar.

Tertulia

1. ¿Cuántas preguntas habrá hecho la Rana Gustavo en sus más de cincuenta años?
2. ¿Cuáles de estas cualidades crees que son más importantes para ser un buen reportero o reportera?
   a) Hacer buenas preguntas.
   b) Saber dialogar.
   c) Escuchar muy bien.
3. Comparte tu respuesta con una compañera o con un compañero y explícale por qué.
4. Imagina que la Rana Gustavo visita vuestro colegio. ¿Qué tres preguntas le harías? Escríbelas.

Preguntar y responder con claridad

La conversación es un diálogo entre dos personas donde cada una expresa sus ideas. Conversamos en casa, en el colegio, en la calle, en las tiendas o en la parada del autobús. Pero ¿conversamos bien?

Para que haya una verdadera conversación, es necesario escuchar a la persona que la empieza, decir lo que se piensa con respeto y hacer preguntas. Las preguntas nos ayudan a saber más sobre lo que nos están contando y también muestran que tenemos interés. Debemos intentar responder con claridad y explicarnos bien para evitar malentendidos.

Sin preguntas ni respuestas, la conversación no dura: acaba.

1 Imagina que ha llegado alguien nuevo a clase y quieres saber cosas de él o de ella. ¿Qué le preguntarías? Escribe cinco preguntas e invéntate las respuestas.

En equipo

1 Imaginad que estáis en un plató de televisión y tenéis que entrevistar a una persona famosa. En grupos de cinco, tres harán de reporteros y dos serán las personas famosas.

2 Repartíos los papeles y preparad las preguntas.

3 Entrevistad a las dos personas a la vez.

4 Podéis intercambiar los papeles y hacer más entrevistas o entrevistar a las personas delante de toda la clase.

5 ¿Qué os ha gustado más y qué menos de la experiencia?

SESIÓN 12

Buenos diálogos

Ahora nos entendemos

EL BIBLIOTECARIO

CHICA: Hola, señor.

BIBLIOTECARIO: Buenas tardes, chica.

CHICA: Necesito un libro.

BIBLIOTECARIO: Entonces, has venido al lugar indicado, no me digas más. Tienes que leerte un libro para hacer un trabajo y no sabes cuál elegir. ¡No te preocupes!, aquí tenemos libros de coches, de historia, de poesías, de viajes, de ficción, de deportes, biografías, novelas, etc. ¡Vamos, que si no lees, es porque no quieres! Tú debes de tener unos doce años y seguro que dispones de mucho tiempo libre para leer, así que te recomiendo *La historia interminable*.

CHICA: Pues…

BIBLIOTECARIO: Nada, nada, te va a encantar.

CHICA: Uf. ¡Qué tarde es! ¡Me tengo que ir!

BIBLIOTECARIO: ¡Estos chicos!

Tertulia

1. ¿Qué has pensado al leer el diálogo? Coméntalo con un compañero o con una compañera.
2. ¿Os ha pasado alguna vez algo parecido? Cuenta cuándo.
3. ¿Qué debería haber hecho o dicho el bibliotecario? Escribid un diálogo diferente.

Dialogar de forma ordenada

¿Puedes dar tu opinión cuando te interrumpen constantemente? ¿Puedes terminar un trabajo si todo el mundo habla a la vez? Es difícil, ¿verdad?

Trabajar en equipo, resolver un problema entre compañeros y compañeras o hablar sobre un tema que nos plantea el docente son situaciones que requieren dialogar de una forma ordenada.

Para dialogar de forma ordenada, debes pedir la palabra y esperar a que las demás personas terminen de hablar. Cuando te toque hablar, intenta ser breve y explicarte con claridad.

1 Copia esta tabla en tu cuaderno. Escribe en ella nombres de compañeros y de compañeras o de personas que conozcas que tengan alguno de estos comportamientos.

Acciones	Compañeros / compañeras
Pide la palabra.	
Escucha a otras personas.	
No deja hablar a nadie.	
Interrumpe a quien habla.	

Copia y completa · EN TU CUADERNO · Copia y completa

¿Por qué sabes que se comportan así? Escribe lo que hacen.

En equipo

1 ¡Hablemos con orden! Escribid en trozos de papel preguntas sobre temas que os interesen y dobladlos.

2 Después de doblarlo, haced un cartelito con él y colocadlo delante.

3 Alguien del equipo escoge un tema al azar y comienza a hablar. El resto escucha.

4 Para poder hablar, hay que voltear el cartel y al terminar darle la vuelta de nuevo.

5 No puede haber más de dos personas hablando. Quien interrumpa no podrá intervenir hasta el próximo tema.

SESIÓN 13 ¡Igual que yo!

Esto me interesa

Estos clubes están buscando niños y niñas que compartan sus mismos gustos e intereses para que formen parte de ellos. ¿Te apuntas?

Club de ajedrez

Club de deportes

Club de cocina

Club de animales

Tertulia

1 Observa con atención los carteles de estos clubes. ¿A cuál de estos clubes te gustaría pertenecer? ¿A cuál no? ¿Por qué?

2 ¿Qué otras personas de vuestro entorno pensáis que se apuntarían también? Escribid sus nombres y explicad por qué.

Identificarse con otras personas

La mayoría de las personas prefieren trabajar, jugar o estudiar con aquellas personas a las que se parecen.

Para descubrir las cosas que tenemos en común, es necesario escuchar con atención las ideas y los sentimientos de quienes nos rodean y hacerles preguntas sobre sus gustos e intereses.

Intenta relacionarte con compañeras y compañeros con quienes nunca hablas, puede que tengan las mismas metas y los mismos deseos que tú.

¿Quién sabe? ¡Igual encuentras un amigo o una amiga con quien compartir nuevas aventuras!

1 Copia en tu cuaderno y rellena esta tabla con tus gustos favoritos. Después, pregunta a cuatro compañeros o compañeras con los que tengas menos relación.

Nombre	Color	Deporte	Asignatura	Programa TV	Música
Yo					

Copia y completa EN TU CUADERNO

¿Qué has descubierto? ¿Con cuáles te identificas más? Explícalo.

En equipo

1 Escribid por turnos en un folio todas las actividades que os gustan.

2 Marcad aquellas que más se parecen.

3 Inventad un club que se centre en esas actividades y ponedle un nombre.

4 Haced un cartel para anunciar vuestro club y para darle publicidad; colgadlo para ver cuántos se apuntan.

5 ¿Qué cartel parece que ha gustado más?

6 ¿Qué clubes han tenido más éxito?

Lugares diferentes

No cabe duda de que esta maleta pertenece a alguien que ha recorrido medio mundo y tiene mil aventuras que contar. Lo que no sabemos al mirar las pegatinas es cómo serán las personas que viven en esos lugares ni tampoco las costumbres que tendrán. ¿Te gustaría conocerlas?

Tertulia

1 ¿Cuál de esos lugares te gustaría conocer? ¿Por qué? Compártelo con una compañera o con un compañero.

2 ¿Conocéis alguna costumbre o fiesta de esos lugares? Explicadla.

3 ¿Os gustaría tener compañeros o compañeras de otros países? ¿Creéis que os llevaríais bien? ¿Por qué?

Respetar las costumbres distintas

China

Inglaterra

En España viven gentes de todos los países del mundo. Estas personas tienen costumbres diferentes de las nuestras, por lo que conocerlas nos enriquece al aprender cosas nuevas.

Convivir y respetarnos mutuamente se consigue cuando, al conocer sus costumbres:

- Conocemos las características de su cultura.
- Preguntamos para saber el porqué de lo que hacen.
- Opinamos con respeto sobre lo que no comprendemos o compartimos. Recuerda que las fiestas, las comidas o los comportamientos que a ti pueden parecerte extraños en otras culturas son algo habitual.

China

El novio y la novia visten de rojo en su boda, porque es símbolo de amor y prosperidad.

Inglaterra

En el condado inglés de Gloucestershire persiguen un queso colina abajo para celebrar la llegada del verano.

1 Opina con respeto sobre las costumbres de estos países.

2 Escribe dos preguntas que les harías a las personas de esos países para conocer un poco más sobre esa costumbre.

En equipo

1 Elegid un país y buscad información sobre sus costumbres y su forma de vivir.

2 Haced un mural en cartulina y colgadlo en la pared.

3 Observad los otros murales y dialogad: ¿tienen algo en común?, ¿por qué debemos respetar las costumbres ajenas?

Aportar a la sociedad

¿Qué quieres ser de mayor?

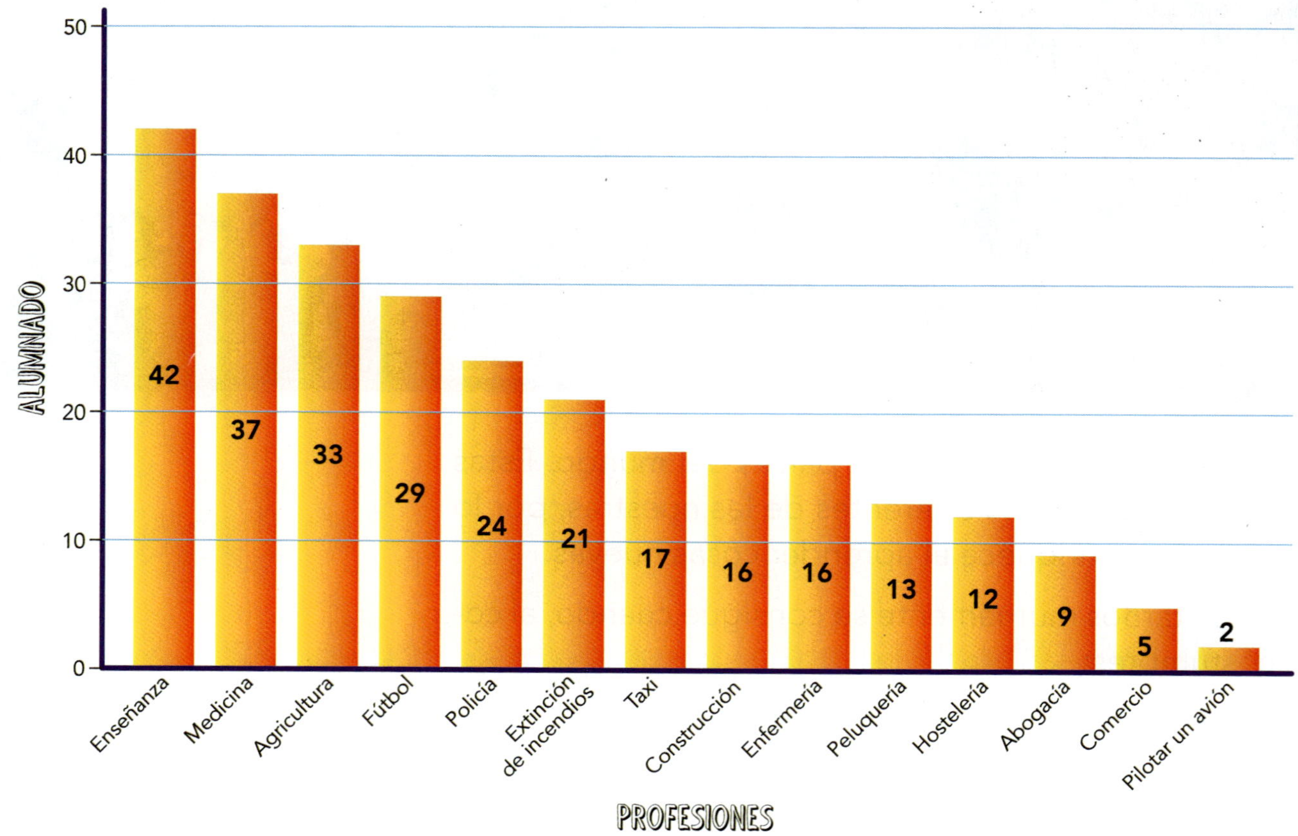

En una encuesta realizada a niños y a niñas de diez años, se les preguntó qué querían ser de mayores. Esta gráfica refleja las catorce profesiones que preferían los cuarenta y cinco estudiantes de la encuesta. La mayoría eligieron, en primer lugar, la profesión de docente y, en último lugar, la de pilotar un avión. ¿Qué habrías respondido tú?

Tertulia

1 ¿En qué orden hubieras colocado tú esas catorce profesiones? Escríbelo y coméntalo con una compañera o con un compañero.

2 ¿Qué profesiones de las representadas en la gráfica os parecen más importantes? ¿Cuáles menos? ¿Por qué?

Valorar todas las profesiones

Una profesión es cualquier trabajo que se realiza a cambio de un salario y que aporta algo a la sociedad. Algunas profesiones nos proporcionan «productos» que utilizamos en nuestra vida cotidiana, como es el caso de la agricultura. Gracias a su trabajo podemos comer, por ejemplo, ricas verduras. Otras profesiones nos proporcionan un «servicio» que necesitamos. Por eso, una conductora nos transporta de un lado a otro, o un enfermero nos cuida en el hospital. Todas las profesiones son importantes, cada una cumple su función en la sociedad.

1 **Copia esta tabla en tu cuaderno y marca con ✓ si la casilla de la profesión nos aporta un producto o un servicio.**

Actividades profesionales	Producto	Servicio
Policía		
Panadería		
Docencia		
Servicio limpieza		
Agricultura		
Pesca		
Medicina		
Ganadería		

Copia y completa EN TU CUADERNO Copia y completa

En equipo

1 Escribid en trozos de papel profesiones que os gusten; doblad los papelitos y mezcladlos.

2 Por grupos, elegid uno al azar.

3 Escribid en un folio todas las cosas buenas que esa profesión aporta a la sociedad y qué pasaría si nadie realizara ese trabajo.

4 Exponed vuestra profesión a toda la clase.

La dignidad no tiene precio

Iqbal Masih nació en Paquistán y cuando solo tenía cuatro años su padre lo vendió por doce dólares a un fabricante de alfombras para poder pagar la boda de su hermano mayor.

Iqbal trabajaba doce horas diarias, tejiendo alfombras, no recibía una buena alimentación, y si se equivocaba, era castigado.

A los diez años consiguió escapar y luchó para eliminar el trabajo infantil, y para proteger la dignidad y los derechos de los niños y de las niñas.

Ayudó a miles de niños y niñas a escapar, consiguió que cerraran varias fábricas y dio conferencias sobre el trabajo infantil alrededor del mundo.

Desde entonces, muchas personas de todos los países del mundo siguen luchando por su causa.

Tertulia

1 ¿Qué has pensado al leer esta historia? Coméntalo con un compañero o con una compañera.

2 ¿Por qué quería Iqbal detener el trabajo infantil? ¿Qué hizo para conseguirlo?

3 ¿Cómo os sentiríais si alguien os obligara a trabajar y no pudierais jugar ni ir a la escuela?

Reconocer la dignidad personal

La dignidad es el mayor valor que tienen las personas. No importa cómo seamos o lo que tengamos, todo el mundo merece ser respetado porque somos seres humanos.

Iqbal Masih vivió una injusticia, porque tuvo que trabajar en vez de jugar y estudiar. No se respetaron sus derechos y se dañó su dignidad.

Cada país tiene que hacer leyes que protejan los derechos de todas las personas por igual, porque no es digno que las niñas y los niños trabajen, que las personas más pobres vivan en la calle o que se discrimine a la gente por su raza o por su religión.

1 **Observa estas imágenes. Escribe en tu cuaderno el número de las situaciones que te parezcan injustas y explica por qué lo son.**

1

2

3

4

5

6

En equipo

1 Dialogad sobre cosas que pasan en la sociedad que os parezcan injustas.

2 Elegid una de ellas y haced una pancarta en cartulina.

3 Exponed vuestra pancarta en voz alta y explicad por qué creéis que ocurre esa injusticia.

SESIÓN 17

¡Derechos para todo el mundo!

¡Yo los tengo y tú también!

Todos tenemos derecho
a vivir con dignidad,
a que nunca nos falte
el trabajo, techo y pan.

Todos tenemos derecho
a no estar desamparados,
a tener una educación
y no ser discriminados.

Fragmento del poema «Todos tenemos derechos»,
de Delia Arjona.

Los derechos no se heredan ni se regalan, y nadie los puede robar. Con derechos nace todo el mundo, porque son de carácter universal. ¿Sabes lo que es esto?

Tertulia

1 Dialogad por parejas. ¿Cuántos derechos se mencionan en el poema? Escribidlos.

2 ¿Qué significa la segunda estrofa del poema?

3 ¿Qué creéis que quiere decir que «los derechos son universales»?

Los derechos humanos son universales

La señal de *Stop* es universal, pues en todos los países significa lo mismo y todas las personas la respetan.

Lo universal es aquello que pertenece o se extiende a todo el mundo sin excepción. Los derechos humanos son treinta y también tienen carácter universal, pues son los mismos en todos los países.

Aunque alguien no los conozca, todas las personas los tienen y nadie se los puede arrebatar. Gracias a ellos hay más justicia e igualdad.

1 **¿Qué crees que pasaría si la mitad de las personas que viven en un país no tuvieran derechos? ¿Por qué crees que es importante que toda la gente tenga los mismos derechos?**

2 **Escribe cuatro derechos que conozcas. ¿Qué pasaría si te quitaran esos derechos? ¿Qué cosas no podrías hacer?**

En equipo

1 Pensad en palabras relacionadas con los derechos humanos y su carácter universal.

2 Dibujad estrellas en una cartulina y escribid una palabra dentro de cada estrella.

3 Explicad a toda la clase por qué habéis elegido esas palabras.

SESIÓN 18
Los derechos del bienestar

¡Viva el bienestar!

Estas imágenes no necesitan palabras, pues quien las observa se da cuenta enseguida de lo que a estas personas les falta. ¿Y tú? ¿Te has dado cuenta?

Tertulia

1 ¿Qué les ocurre a las personas de las viñetas? Explícaselo a un compañero o a una compañera.

2 ¿Cómo se sienten?

3 ¿Qué creéis que dirían si pudieran hablar?

El derecho a un estilo de vida adecuado

DUDH significa «Declaración Universal de los Derechos Humanos» y es un documento que crearon muchos países para que todas las personas fueran tratadas por igual.

Este documento está formado por numerosos artículos.

En el artículo 25 se dice que todas las personas tienen derecho a tener un estilo de vida adecuado.

Esto quiere decir que todas las personas debemos tener una buena alimentación, ropa para vestirnos, una casa donde vivir y atención médica cuando tengamos una enfermedad.

1 Copia en tu cuaderno las frases que no reflejen un estilo de vida adecuado e identifica el derecho universal que en ese caso no se está cumpliendo:

- Solo como una vez al día y siempre arroz.
- Yo vivo con mi familia en una casa grande.
- Estoy enferma y no tengo dinero para comprar las medicinas.
- Mi padre y mi madre trabajan y pueden comprarme todas las cosas que necesito.
- Mis únicos zapatos están rotos, así que me mojo los pies cuando llueve.

En equipo

1 Imaginad que sois dibujantes de viñetas y queréis pedir el cumplimiento de los derechos humanos.

2 Dialogad con vuestra compañera o con vuestro compañero sobre situaciones en las que no se cumple el artículo 25 de la Declaración Universal de los Derechos Humanos.

3 Escoged una y diseñad dos viñetas, una donde se respete ese derecho y otra en la que no.

4 Escribid bocadillos de diálogo para los personajes de cada viñeta.

5 Representad vuestras viñetas ante la clase.

Producto final

Un comité de consejería escolar

Ahora vais a intentar convencer a vuestros compañeros y a vuestras compañeras de que formáis parte del mejor comité de consejería escolar. Los consejos girarán en torno a cuatro ámbitos: el académico, el de mediación de conflictos, el de relaciones personales y el de organización. Debéis demostrar que poseéis las habilidades necesarias para desempeñar esta tarea. ¡Y saber ponerlas en práctica!

1 **Demostrad vuestras habilidades de mediación.**

- Disponed de cuatro espacios en el aula para cada ámbito, con sillas dispuestas en círculo.
- Organizad turnos para estar en los cuatro espacios con compañeras y compañeros diferentes.
- Escribid individualmente situaciones sencillas relacionadas con cada ámbito y dialogad en grupo sobre ellas.
- Preparad tablas con los nombres de los compañeros y de las compañeras para anotar y calificar sus habilidades en dar consejo.

2 **Definid con vuestra profesora o con vuestro profesor qué criterios son importantes para valorar un buen consejo. Debéis incorporar aspectos trabajados a lo largo del reto, como la capacidad de escucha, de diálogo, etc.**

3. Haced individualmente un listado de consejos que puedan pediros. Los consejos estarán relacionados con el ámbito que le haya tocado a cada persona de vuestro grupo. Una vez formulados los consejos, piensa cómo responderías ante esta petición de consejo.

4. Poned en común vuestras respuestas y ayudad a cada experto o experta a completar sus posibilidades de consejos. También debéis desarrollar qué habilidades hay que mostrar al escuchar los consejos.

5. Llevad a cabo la consejería escolar. Cada persona del grupo irá al espacio correspondiente a su ámbito, escuchará las peticiones y aconsejará.

6. Por último, debatid entre toda la clase y cread un listado de los mejores consejos agrupados por temáticas: estos pueden ser de ayuda a compañeros y a compañeras de clase y del colegio. Podéis hacer unas tarjetas con eslóganes para repartirlas en el centro o colgarlas en los pasillos.

Cómo he aprendido

Descubrir el poder de la palabra

1 De todas las sesiones de este trimestre, ¿con cuál te quedarías? ¿Por qué? ¿Qué has aprendido con ella?

2 Escribe en tu cuaderno un párrafo explicando el tono de voz que empleas ahora, el ritmo al que sueles hablar y cómo te sientes cuando tienes que exponer delante de la clase. Léelo un par de veces y exprésalo en voz alta a tus compañeras y compañeros.

Copia en tu cuaderno el cuadro de los emoticonos y escribe debajo de cada uno las emociones que has sentido sobre tu tono de voz, tu ritmo y tus exposiciones orales en clase.

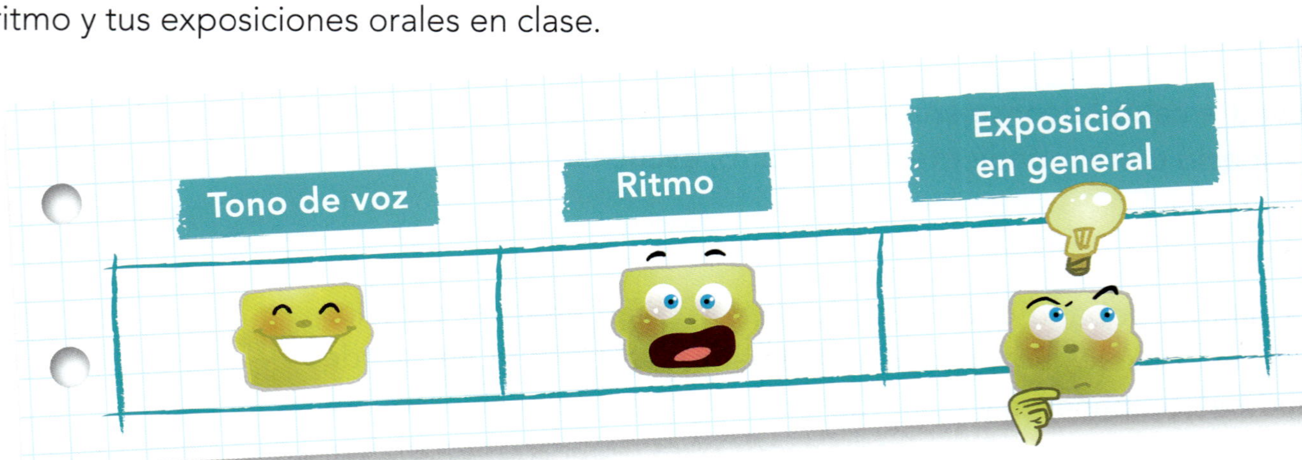

anayaeducacion.es
Para elaborar tu portfolio, puedes guardar actividades, curiosidades, imágenes, anécdotas u opiniones relacionadas con el estudio de cada sesión. Encontrarás orientaciones sobre cómo hacerlo y la versión imprimible de esta página en el apartado «Portfolio» del banco de recursos.

Descubrir el poder de conocer gente

3 **¿Has conocido un poco más a esas personas con las que tenías menos relación? ¿Sabes más sobre sus gustos e intereses? ¿Qué cosas tenéis en común?**

Crea en tu cuaderno una tarjeta del Club de Nuevas Amistades y escribe en ella sus nombres y palabras que expresen lo que has descubierto.

Descubrir el poder de la dignidad

4 **Dibuja en tu cuaderno esta mesa y colorea de rojo las cosas que sigues haciendo mal, de amarillo las cosas que debes mejorar y de verde las cosas que haces bien.**

a) ¿Qué puedes hacer para mejorar los aspectos que has coloreado de rojo y de amarillo?

b) Explica a un compañero o a una compañera qué has conseguido para hacer bien las cosas que has coloreado de verde.

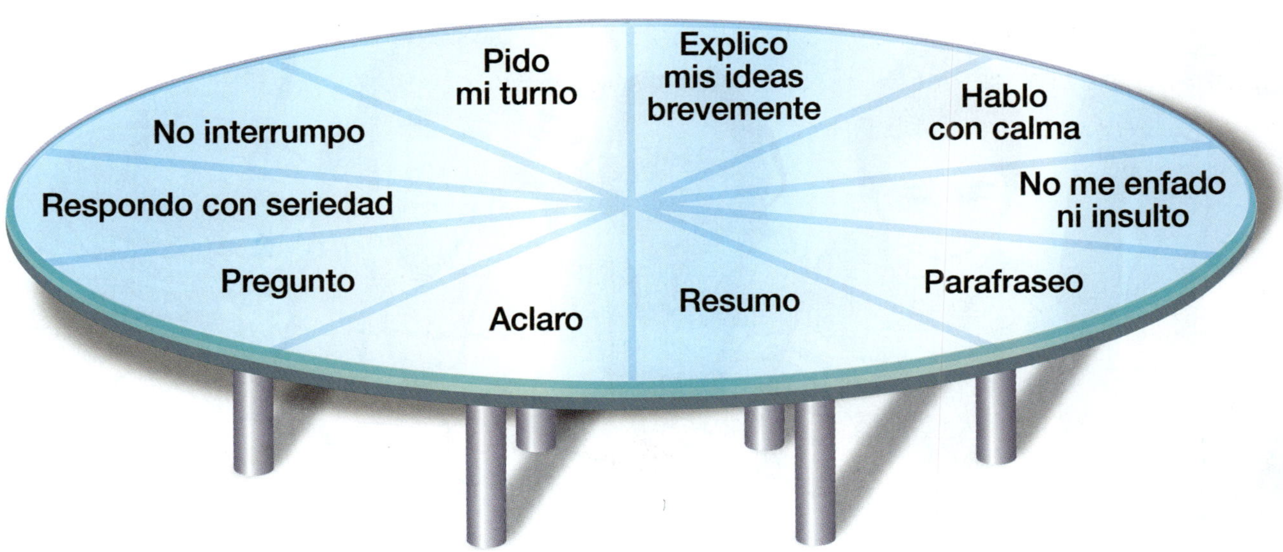

3 ¿Podemos mejorar nuestro mundo?

Es importante descubrir la importancia de las normas y de los acuerdos entre las personas.

Te proponemos un reto

¿Aprendemos los artículos más importantes de nuestra Constitución?

Para superar el reto... investigo y aprendo

- Aprender a llegar a acuerdos
- Asumir responsabilidades
- Implicarse en el cumplimiento de las normas

Para demostrar que lo he superado... dibujo un mural sobre la Constitución

Paso 1. Decidid qué artículos de la Constitución reflejaréis.

Paso 2. Repartid los artículos entre los grupos.

Paso 3. Planificad el diseño de vuestro mural.

Paso 4. Dibujad bocetos de los murales.

Paso 5. Confeccionad el mural definitivo.

Paso 6. Llevad a cabo una exposición de los murales.

Formamos un equipo

La Constitución española es la ley más importante de nuestro país y fue aprobada en 1978. Recoge deberes y derechos que tiene toda la ciudadanía. Tanto los «derechos» como los «deberes» son las normas de nuestra Constitución. Los derechos esenciales son el derecho a la vida, a la libertad y a recibir un trato con igualdad. Entre nuestros deberes está el respetar los derechos de las demás personas. También, trabajar, pagar los impuestos, participar en asuntos públicos y ayudar a quien lo necesite.

En este reto plasmaremos los artículos más importantes de la Constitución en un mural mediante dibujos esquemáticos al estilo del *visual thinking.*

Poner en marcha nuestras habilidades pictóricas

1 **Primero entrenaréis vuestra capacidad de dibujar. Distribuiros en distintos espacios del aula. A cada espacio se le asignará uno de los siguientes elementos del *visual thinking:***

- Letras.
- Números.
- Personas.
- Emociones.
- Símbolos que representan palabras.
- Flechas y conectores.

En cada espacio practicaréis el dibujo de su elemento correspondiente.

2 **¿Qué elementos se os han dado mejor? Busca compañeras y compañeros a quienes se les hayan dado bien elementos diferentes a los tuyos, y haz una lista con sus nombres: podrían acompañarte para formar un equipo que domine todos los elementos del *visual thinking.***

¿Qué compañeros y compañeras tendré?

3 Anota en tu cuaderno los nombres de las compañeras y de los compañeros que te ha asignado tu docente. Dialogad sobre qué es lo mejor que se os ha dado en las prácticas de dibujo.

4 Recopilad información sobre la Constitución española. Para ello, investigad en libros y en Internet y anotad en el cuaderno todo lo que averigüéis o sepáis de la Constitución. Escribid también algunos de los artículos que creáis que son importantes en ella.

5 Dialogad con toda la clase sobre la importancia de la Constitución y de los artículos que os parezcan más importantes.

Zona rol

¿Qué rol crees que se te daría mejor?

Especialista en letras y números	Domina el dibujo de letras y números como elementos de *visual thinking*.
Especialista en personas y emociones	Domina el dibujo de personas y emociones como elementos de *visual thinking*.
Especialista en símbolos	Domina el dibujo de símbolos que representan palabras como elementos de *visual thinking*.
Especialista en flechas y conectores	Domina el dibujo de letras y números como elementos de *visual thinking*.

- **Dialogad y decidid los roles para dibujar vuestro mural sobre la Constitución.**

SESIÓN 19

¡1, 2, 3... Equipo!

Creando ambiente

Estos son algunos de los roles que desempeñan los estudiantes de este colegio para hacer sus tareas: cooperar con los compañeros y con las compañeras y conseguir que su clase funcione mejor. ¿Y tú? ¿Tienes algún rol?

Tertulia

1 ¿Cuál de los roles anteriores te gusta más? ¿Por qué?

2 ¿Cómo crees que ayudan estos roles en la clase?

3 Elaborad individualmente una lista con lo que aporta cada rol al buen funcionamiento de la clase.

4 ¿Cuál te gustaría hacer? ¿Por qué?

Mejorar el clima de clase

Los roles nos ayudan a organizarnos cuando trabajamos en equipo. Esto mejora el funcionamiento del grupo y favorece que haya un buen clima de trabajo en el aula. ¿Podrías trabajar en una clase con mucho ruido donde nadie supiera lo que tiene que hacer?

Una clase funciona bien cuando las personas se relacionan de una forma organizada. Los roles hacen que tengamos más autonomía y también nos enseñan a compartir el trabajo.

1 **¿Qué otras cosas se te ocurren para mejorar el clima de clase? Escoge dos actitudes de las que hay en el recuadro que estés haciendo y otras dos que podrías hacer, y cópialas en tu cuaderno.**

> Saber dar / Saber recibir / Dar las gracias / Ofrecer ayuda / Pedir ayuda cuando la necesito / Escuchar con actitud respetuosa / Respetar el orden de la actividad propuesta / Aceptar de buen grado las aportaciones ajenas / Respetar el turno de palabra / Respetar las opiniones de otras personas / Demostrar responsabilidad individual / Negociar para llegar a acuerdos / Aportar ideas / Tomar decisiones / Dialogar / Conseguir que haya comunicación

En equipo

1 Formad equipos y personalizad vuestros propios roles.

2 Pensad en un dibujo que represente cada rol y en las responsabilidades que implica.

3 Dividid un folio en cuatro partes y haced tarjetas con los roles.

Yo también opino

¿Te parece bien?

Los deberes son un tema de debate en todo el mundo. Esto es lo que piensan sobre ellos algunos niños y algunas niñas que están en Primaria.

Odio los deberes.
Me mandan tantos que casi nunca puedo ir a entrenar a fútbol, ni jugar con mis amistades, y muchos días me acuesto tarde.
(Luis / 10 años)

En el cole nos mandan deberes para fastidiarnos.
(Fran / 7 años)

Ya vamos al cole para trabajar, y una cosa es que te manden completar algo que no has acabado en clase y otra que te pongan deberes solo para casa.
(Rodrigo / 11 años)

Me gusta hacer los deberes porque aprendo muchas cosas.
(Juan / 7 años)

Los deberes no sirven para nada.
(Rocío / 9 años)

Los deberes me ayudan a repasar lo que hemos dado en clase; si no hiciera los deberes, se me olvidaría todo.
(Marta / 8 años)

Los deberes me ayudan a ser más organizada y responsable.
Si no tuviera deberes, estaría todo el día sentada en el sofá.
(Alicia / 12 años)

Me parece bien tener deberes, aunque no me gusta hacerlos.
(Blanca / 6 años)

Tertulia

1 Elige a un compañero o a una compañera y dialogad. ¿Qué opinas tú?

2 ¿Qué opiniones os parecen respetuosas? ¿Cuáles no?

3 Sustituid las palabras poco respetuosas por otras que suenen mejor.

4 Leed en gran grupo las nuevas frases y reflexionad sobre cómo han cambiado.

Expresar nuestra opinión con respeto

Tenemos derecho a dar nuestra opinión, pero no está bien hacerlo de cualquier manera. No importa con quién estemos hablando, siempre debemos expresar nuestras ideas con respeto.

Opinar de forma respetuosa significa decir lo que piensas, sin gritar, sin insultar y sin burlarse de lo que dicen las demás personas. Si no estás de acuerdo con alguien, puedes utilizar frases como «No pienso igual que tú» o «Entiendo lo que dices, pero…».

No podemos obligar a la gente que piense como nosotros y nosotras. La gente también tiene sus propias ideas.

1 **Copia estas frases en tu cuaderno y, a continuación, escríbelas de nuevo expresando respeto:**

- ¡Vaya tontería que has dicho!
- El juego que te has inventado me aburre como una ostra.
- ¡Tú te callas, que no tienes ni idea!
- ¡Deja de actuar como una idiota, nos van a reñir!
- Estoy hasta las narices de que me interrumpas.
- ¡El mejor jugador es Jaime, y no hay más que hablar!

En equipo

1 En grupos de cuatro vamos a debatir: «Deberes, ¿sí o no?».

2 Elegid una postura y escribid todas las ventajas que tienen los deberes o todas sus desventajas.

3 Buscad a otro grupo que haya elegido la postura contraria a la elegida por vuestro grupo y exponedle vuestra opinión con orden y respeto.

4 Una persona de cada grupo será el moderador o la moderadora y dará el turno de palabra.

5 ¿Habéis llegado a un acuerdo? ¿Pensáis diferente ahora?

SESIÓN 21 ¡Llegamos a un acuerdo?

We have a problem!

Estos animales han decidido pasar el puente al mismo tiempo y, al llegar al centro, se dan cuenta de que no pueden cruzar. ¿Qué deben hacer? ¿Quién debe retroceder? ¿Es esta la única solución?

Bridge es un cortometraje en el que cuatro animalitos intentan cruzar un puente. En principio parece sencillo, pero debido a las características del puente y de los personajes, acaba creándose un conflicto. ¿Conseguirán cruzarlo? ¿Alguien se caerá?

Tertulia

1. Retroceder es una solución, pero ningún animal en el corto la escoge... ¿Cómo pensáis que solucionan la situación los animales grandes? ¿Y los pequeños? Escribid todas las posibilidades.
2. ¿Qué hubierais hecho si estuvieseis en ese caso? ¿Por qué?

Estrategias para resolver conflictos

Bridge nos enseña que los problemas no siempre tienen una única solución y que todas las formas de resolverlos no son correctas.

El oso y el arce se pelearon y agredieron a los pequeños. Estos lanzaron a los grandes al vacío y, finalmente, cooperaron para cruzar.

Cada animal empleó una estrategia para poder cruzar, pero solo uno resolvió el problema de verdad.

Cuando te surja algún conflicto con tus compañeros y compañeras, puedes aplicar la «técnica de los títeres mentales», imaginando que tienes un títere en cada hombro y que cada uno de ellos te dice cosas diferentes sobre lo que puedes hacer. Te ayudará a pensar diferentes alternativas para resolver el problema.

1 **Piensa en situaciones conflictivas. Utiliza la técnica de los «títeres mentales» y propón al menos dos soluciones para cada una de ellas.**

Dos compañeros se están peleando por el balón de la clase porque quieren jugar a juegos diferentes y solo hay un balón.

Todos los días hay disputa por estar en primer lugar en la fila para salir del colegio.

En equipo

1 Dialogad sobre conflictos que tengáis en el colegio.

2 Elegid uno y pensad en todas las acciones que os pueden ayudar a resolverlo.

3 Dibujad en cartulina un puente de madera.

4 Escribid todas las acciones en los troncos y coloreadlos.

SESIÓN 22

Co-responsables

Tú también puedes

En esta casa lo tienen muy claro. Quienes forman la familia saben lo que tienen que hacer y nadie protesta, porque el padre y la madre han enseñado lo importante que es la corresponsabilidad. ¿Sabes lo que es esto?

Tertulia

1 ¿Sabes lo que significa «corresponsabilidad»? Elige a un compañero o a una compañera y explicadlo con vuestras palabras.

2 ¿Cuáles de esas actividades hacéis en casa? ¿Cuáles no? ¿Por qué?

Igualdad de derechos y corresponsabilidad

¿Qué pensarías si tuvieras que hacer todas las tareas de la casa o no cobraras el mismo salario que alguien de tu trabajo? Injusto, ¿verdad? Esta es la situación de la mayoría de las mujeres en muchos lugares.

Los hombres y las mujeres debemos compartir las responsabilidades del hogar (corresponsabilidad) y velar conjuntamente por nuestros derechos.

Así que no discrimines, ayuda en casa e intenta colaborar más con las compañeras del otro sexo.

1 **Dibuja en tu cuaderno una agenda para cada miembro de tu familia. Escribe en ella las responsabilidades y tareas que asume cada persona. ¿Hay igualdad?**

2 **En estas frases no hay igualdad. ¿Por qué? Explícalo con un ejemplo. Escribe de nuevo en tu cuaderno las frases para que haya igualdad.**

- Las niñas son amables y tranquilas, y los niños, fuertes e inteligentes.
- Los hombres trabajan y toman las decisiones importantes; las mujeres se encargan de la crianza de los hijos.
- Las chicas deben jugar a voleibol, y los chicos, al rugby.

En equipo

1 Pensad en palabras y actitudes que favorecen la igualdad y escribidlas.

2 Dialogad sobre tareas, actividades y acciones que podéis llevar a cabo en casa y en el colegio para que haya igualdad.

3 Realizad un manifiesto en cartulina y escribid diez cosas que os comprometéis a hacer.

SESIÓN 23

¡¿Mi planeta se acaba?!

¡Mira todo lo que tenemos!

Nuestro planeta está lleno de riquezas. La naturaleza nos regala todos estos elementos para que los cuidemos y los utilicemos de forma responsable en nuestro beneficio, pero no siempre lo hacemos. ¿Sabes por qué?

Tertulia

1 ¿Qué recursos te parecen más útiles para el ser humano? ¿Por qué? Ordénalos por orden de importancia y compártelo con un compañero o con una compañera.

2 ¿Pensáis que estos recursos se pueden agotar o creéis que durarán para siempre?

Valorar las fuentes de energía

Las fuentes de energía son aquellos recursos de la naturaleza que el ser humano utiliza para obtener energía y poder realizar sus actividades diarias.

La energía que se obtiene de recursos naturales que no se agotan se llama «energía renovable». Las más importantes son la energía solar (sol), la eólica (viento), la hidroeléctrica (agua) y la biomasa (vegetación). Gracias a ellas tenemos electricidad, agua potable o calefacción.

La energía que se obtiene de recursos naturales que no se pueden regenerar se conoce como «energía no renovable». Las más utilizadas son el carbón, el petróleo o el gas natural, que producen combustible para las industrias, los hogares y el transporte.

Debemos ser responsables, cuidar los recursos renovables y no abusar de los que se pueden agotar, pues dependemos de ellos para vivir.

1 ¿Qué crees que puede pasar si se agota el carbón, el petróleo o el gas natural? Completa esta tabla en tu cuaderno.

Recursos	Yo pienso...	Mis amigos y amigas creen...	Internet dice...
Petróleo			
Carbón			
Gas			

Copia y completa EN TU CUADERNO

En equipo

1 Elegid un recurso natural y pensad qué acciones podéis hacer en casa y cuáles en el colegio para no malgastarlo.

2 Buscad fotografías y más información sobre dicho recurso.

3 Dibujadlo en el centro de una cartulina, escribid vuestras ideas y pegad las fotografías.

¡Podemos lograrlo!

Siguen emitiendo gases de efecto invernadero.
En Centroamérica, la naturaleza ya se empezó a dañar.
Se derriten los polos y aumenta el nivel del mar.
La temperatura del planeta aumenta.
Caen lluvias violentas que destruyen las cosechas.
Aumentan las enfermedades y aumenta la pobreza.
Para cambiar el mundo, cambiar el planeta y que
la capa de ozono se recupere.
Para cambiar el mundo, se necesitan metas.
Juntos lo podemos lograr.
Únete a la meta. Rompe las fronteras. Sube tu bandera.
El mundo ya empezó a cambiar y no esperes,
únete a la meta.
Como una sola fuerza contra el calentamiento global.

Fragmento de la canción «El cambio climático»,
de Shaka y Dress.

Tertulia

1 Elige a una compañera o a un compañero para trabajar y escribid tres cosas que penséis que producen contaminación y dialogad sobre ellas.

2 Buscad a otra pareja y explicadles por qué creéis que se hacen esas cosas aunque contaminen.

3 Dibujad un cielo lleno de nubes en cartulina. Escribid en cada nube cosas que podéis hacer para mantener el aire limpio.

Consecuencias de la contaminación

La contaminación de la atmósfera se produce cuando en el aire se concentran sustancias que lo ensucian.

Las principales causas de contaminación son el uso del transporte urbano, los aerosoles, los gases que emiten las fábricas, la quema de basura, los incendios forestales y el vertido de petróleo.

Todas estas actividades llenan el aire de partículas invisibles que perjudican nuestra salud. La contaminación provoca enfermedades respiratorias, como asma, bronquitis, neumonía o cáncer de pulmón.

Además, los gases que contaminan el aire producen cambios en el clima y debilitan la capa de ozono, que es como un filtro que nos protege de los rayos ultravioletas emitidos por el sol.

1 Piensa en las cinco razones más importantes por las que no deberíamos contaminar el aire. Después, copia en tu cuaderno este diagrama de sectores, numéralos y dibuja en cada uno de ellos, según la importancia que tengan para ti, cada una de las cinco razones que has pensado.

En equipo

1 Pensad en los efectos negativos que tiene la contaminación para nuestra salud y cómo pueden combatirse.

2 Inventad una pequeña canción animando a toda la clase a acabar con la contaminación.

3 Cantad vuestras canciones y votad la mejor.

SESIÓN 25

¿Para qué sirven las normas?

¡Vaya caos!

Aunque no lo creas, esto no es un accidente. Así es la circulación por esta ciudad.

Viandantes y vehículos cruzan por donde les apetece y si no encuentran aparcamiento, no tienen problema en aparcar en las aceras. ¿Pasa esto en tu ciudad?

Tertulia

1 En parejas, comentad por qué creéis que ocurre esto.

2 ¿Qué os parece que haya gente que no respete las normas de tráfico?

3 ¿Qué pasaría si no respetásemos las normas del colegio? ¿Y las de casa? Haced una lista de cosas que pasarían y compartidlas con otra pareja.

Con normas se convive mejor

Las normas de tráfico son reglas que debemos respetar en la calle para poder circular sin peligro, pero no son las únicas.

Las personas debemos respetar unas reglas de conducta llamadas «normas de convivencia», que hacen más agradable la vida en común y aseguran que no molestemos a otras personas.

Existen normas de convivencia en lugares públicos, como piscinas, cines, clubes o centros comerciales. También en tu colegio, en tu casa o en tu vecindario.

¿Conoces estas normas? ¿Las respetas? ¿Las cumples?

1 **Selecciona tres de los lugares mencionados en el texto y escribe tres normas de convivencia que respetas en cada uno de ellos.**

2 **Copia estas normas de convivencia y escribe en qué lugares se aplican. Algunas se pueden practicar en varios lugares.**

No gritar al hablar
Pedir las cosas por favor
Cerrar los grifos tras usarlos
Dar las gracias
Escuchar música en volumen bajo
No usar el móvil
Caminar y no correr
Lavarse las manos
Recoger las cosas al terminar de usarlas
No tirar papeles al suelo
No jugar con la pelota

En equipo

1 **Elegid un espacio o lugar de vuestro entorno y haced una lista de las normas de convivencia que debéis respetar allí.**

2 **Inventad señales de tráfico para esas normas y dibujadlas en una cartulina.**

3 **Escribid por qué son necesarias esas normas.**

SESIÓN 26

¿Qué ha pasado?

¡Accidentes y más accidentes!

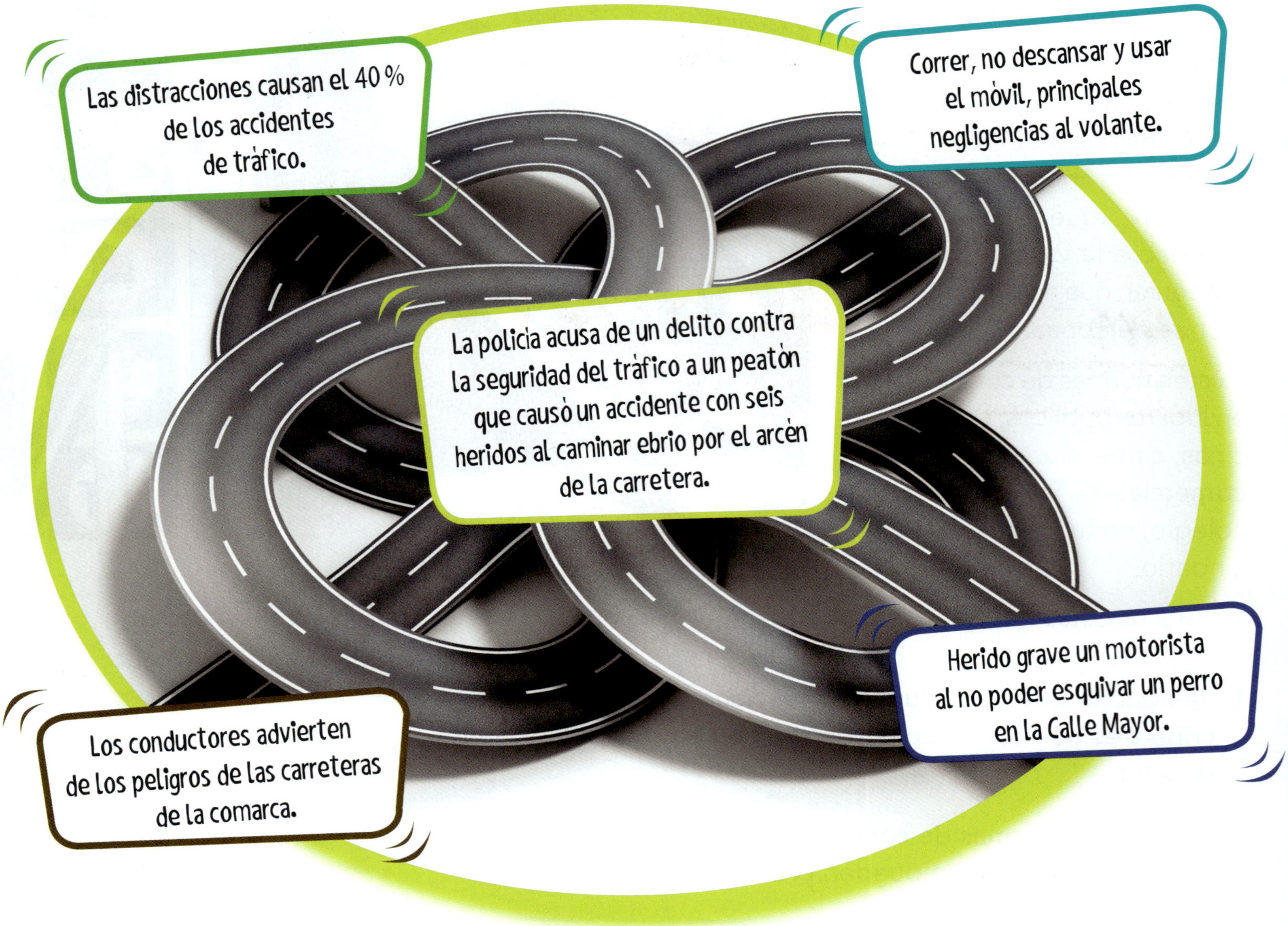

Tertulia

1 Por parejas, responded.

a) ¿Qué o quién provoca el accidente en cada noticia? Anotadlo y compartidlo con otra pareja.

b) ¿Cuál pensáis que es la primera causa de accidentes en España? ¿Por qué? Explicádselo a toda la clase. ¿Habéis coincidido?

Causas de los accidentes de tráfico

Los accidentes de tráfico se deben, principalmente, a tres causas:

1 El factor humano. Son distracciones o acciones irresponsables que realizan los conductores y las conductoras, las personas que van en el vehículo y los viandantes. Por ejemplo: no cruzar la calle por los pasos de cebra, utilizar el móvil mientras se conduce, jugar cerca de calles o carreteras, desobedecer las señales de tráfico, conducir a mucha velocidad...

2 El factor mecánico. Son averías o fallos que sufre el vehículo y que provocan un accidente, como cuando fallan los frenos o se pincha una rueda.

3 El factor ambiental. Son las malas condiciones de las carreteras o el clima los que producen el accidente. Por ejemplo, grietas o agujeros de la carretera; o la niebla, lluvia o hielo, que hacen que la calzada sea más resbaladiza.

Aún no conducís un vehículo de verdad, pero sí camináis por la acera, y a menudo manejáis bicicletas, patines o monopatines por la calle. Por eso, es importante estar alerta y no despistarse.

1 **Muchos accidentes se producen por distracciones de quien conduce. ¿Cómo y por qué pueden distraerse? ¿Qué propones para que no se descuiden?**

En equipo

1 Vamos a construir un pequeño periódico para recordar a las personas adultas que deben conducir bien.

2 Doblad una cartulina A3 en forma de tarjeta.

3 Escribid una frase llamativa en la portada sobre los accidentes y decoradla.

4 Buscad noticias de accidentes y pegadlas dentro del periódico.

5 Poned un título a vuestro periódico y leed la portada a la clase.

6 Regalad vuestro periódico a una persona adulta.

SESIÓN 27

¿Cómo puedes evitarlos?

¡Quiero educación vial!

Un colegio de Chile ha construido un parque vial dentro del centro. Este contiene calles, pasos de cebra, rotondas, semáforos y hasta un cruce ferroviario. Los escolares circulan por él en vehículos de pedales, bicicletas, *scooters*, patinetes o monopatines, y también hacen de policías de tráfico o de viandantes. ¿Te gustaría tener un parque así en tu colegio?

Tertulia

1 ¿Por qué piensas que este colegio ha construido un parque vial? Coméntalo con un compañero o con una compañera.

2 ¿Qué creéis que les enseñan? ¿Por qué?

3 ¿Qué cosas diríais que hace alguien que conduce bien? ¿Y un buen viandante?

Medidas para prevenir accidentes

La mayoría de los accidentes podrían evitarse si realizamos algunas acciones para prevenirlos.

Como viandante, tú puedes mirar antes de cruzar la calle y hacerlo siempre por el paso de cebra.

Juega siempre en los parques y canchas polideportivas, pasea a tu mascota con correa y, si sales de noche, lleva ropa clara o una luz reflectante para que los coches te vean bien.

Cuando te desplaces en bicicleta, patines o monopatín, revisa que funcionen bien antes de salir y usa casco.

Siempre que puedas, circula por el carril bici y no olvides respetar las señales de tráfico y a los viandantes que caminan cerca de ti.

Recuerda a las personas adultas que conduzcan con precaución y que usen siempre el cinturón de seguridad.

1 **Copia en tu cuaderno las frases del texto que pueden prevenir accidentes. ¿Actúas como dicen las frases que has escrito? ¿Y tus familiares? ¿Por qué?**

En equipo

1 Vamos a hacer nuestro propio parque vial en grupo.

2 Dialogad sobre las cosas que queréis que lleve vuestro parque vial.

3 Dibujadlas en cartón o cartulina. Fabricad señales, rotondas, árboles y edificios, y pegadlos.

4 Traed juguetes pequeños (coches, patinetes, muñecos, bicicletas, etc.) y simulad situaciones que ocurren en la calle.

Producto final

Un mural sobre la Constitución

Vamos a conocer y a trabajar los artículos más importantes de nuestra Constitución mediante un mural confeccionado con estilo *visual thinking.*

Se formarán grupos, a los cuales se asignará determinados artículos constitucionales, y estos transformarán su contenido mediante dibujos sencillos, esquemáticos e intuitivos.

1 **Para empezar, debéis decidir entre los diferentes artículos de la Constitución cuáles queréis plasmar. Aprovechad para ello:**

- La recopilación de información que llevasteis a cabo al inicio del reto.
- Las conclusiones a que llegasteis tras debatir cuáles os parecen más importantes.

2 **Repartid los artículos entre todos los grupos: elegiréis, con ayuda de vuestro profesor o profesora, tres artículos para cada grupo.**

3 **Planead la confección de vuestro mural. Pensad previamente:**

- ¿Qué palabras son las más importantes de los artículos que os corresponden?
- ¿Cuáles podrían representarse con un símbolo o con un dibujo?

Después, haced propuestas individuales al resto del grupo y elegid las mejores para expresar los conceptos más difíciles.

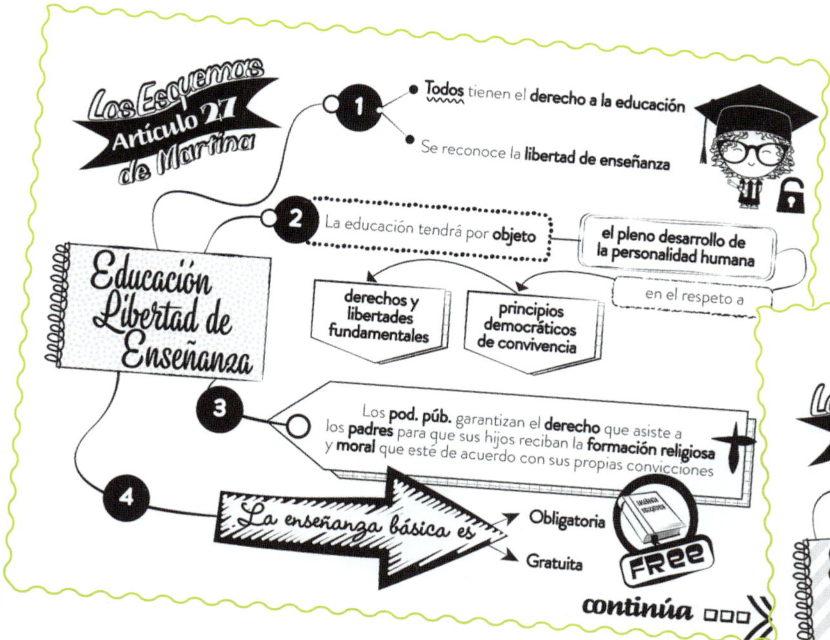

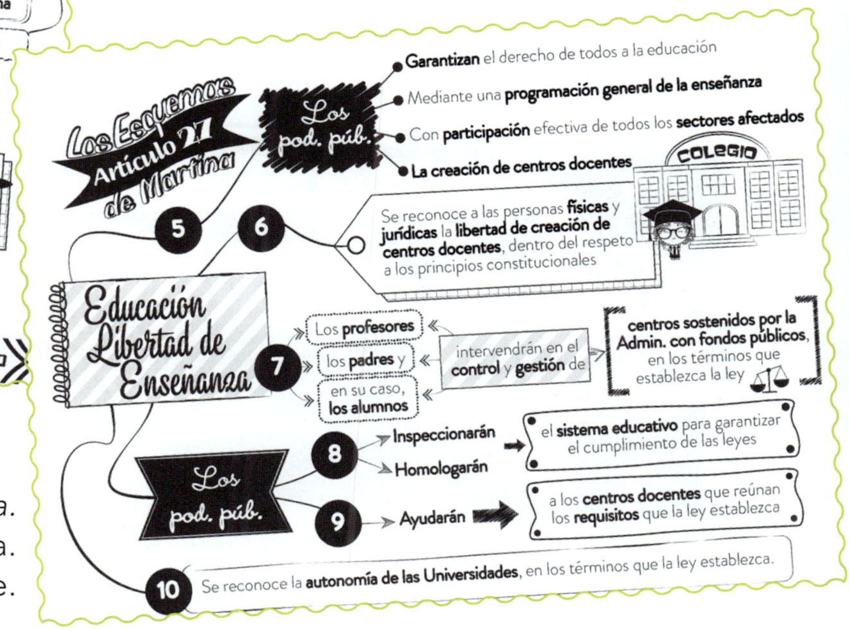

Constitución española.
Los esquemas de Martina, Vicente Valera.
Ilustrado por Cinthia Moure.

4 Dibujad bocetos para los tres artículos en vuestro cuaderno, compartidlos y comenzad a hacer vuestros murales en cartulinas de tamaño A-3. Primero usad el lápiz para distribuir el espacio, probar con tamaños y estilos de letras, diseñar elementos gráficos, etc.

5 Una vez aprobados los bocetos por todo el grupo, pasad a confeccionar el mural definitivo.

6 Llevad a cabo una exposición de los murales:

- Dialogad en clase sobre el mejor lugar para exponer los murales visuales de la Constitución.
- Organizad junto a otras clases del centro unas visitas en pequeño grupo a la zona expositiva para explicar los artículos de la Constitución.
- Debatid con las compañeras y con los compañeros de otras clases sobre qué les parecen los murales, qué es lo que más les gusta, qué importancia le dan a la Constitución, etc.

Cómo he aprendido

Aprender a llegar a acuerdos

1 ¿Qué es lo que más te cuesta de trabajar en equipo? ¿Qué has mejorado durante este reto? Escríbelo, cuéntaselo a tus compañeras y compañeros de equipo y diles que anoten debajo su opinión.

Asumir responsabilidades

2 Dibuja un globo terráqueo en tu cuaderno. Coloréalo de manera que muestre cuánto has aprendido sobre asumir responsabilidades con quienes te rodean y con nuestro planeta.

Contesta luego en tu cuaderno:

- ¿Por qué has coloreado mucho, bastante, la mitad o poco del planeta?
- ¿Qué responsabilidades has asumido? Escribe algunas de ellas y cuéntaselas a los compañeros y a las compañeras.

Implicarse en el cumplimiento de las normas

3 Recuerda lo que has aprendido sobre la Constitución mediante la elaboración del mural. Si tuvieses que dibujar una cara que expresase lo aprendido en la elaboración del producto final del reto, ¿cómo sería? Cópiala en tu cuaderno.

4 ¿Cómo serían las normas de clase en lenguaje positivo y expresadas con el estilo del *visual thinking*? Demuestra que sabes crear normas e inventa una.

Colocad vuestras normas en positivo en clase. ¿En qué crees que podríais mejorar con ellas?

PORTFOLIO 3

anayaeducacion.es
Para elaborar tu portfolio, puedes guardar actividades, curiosidades, imágenes, anécdotas u opiniones relacionadas con el estudio de cada sesión. Encontrarás orientaciones sobre cómo hacerlo y la versión imprimible de esta página en el apartado «Portfolio» del banco de recursos.

Cómo he aprendido

Dibujo mis aprendizajes

1 Completa el mapa mental en tu cuaderno.

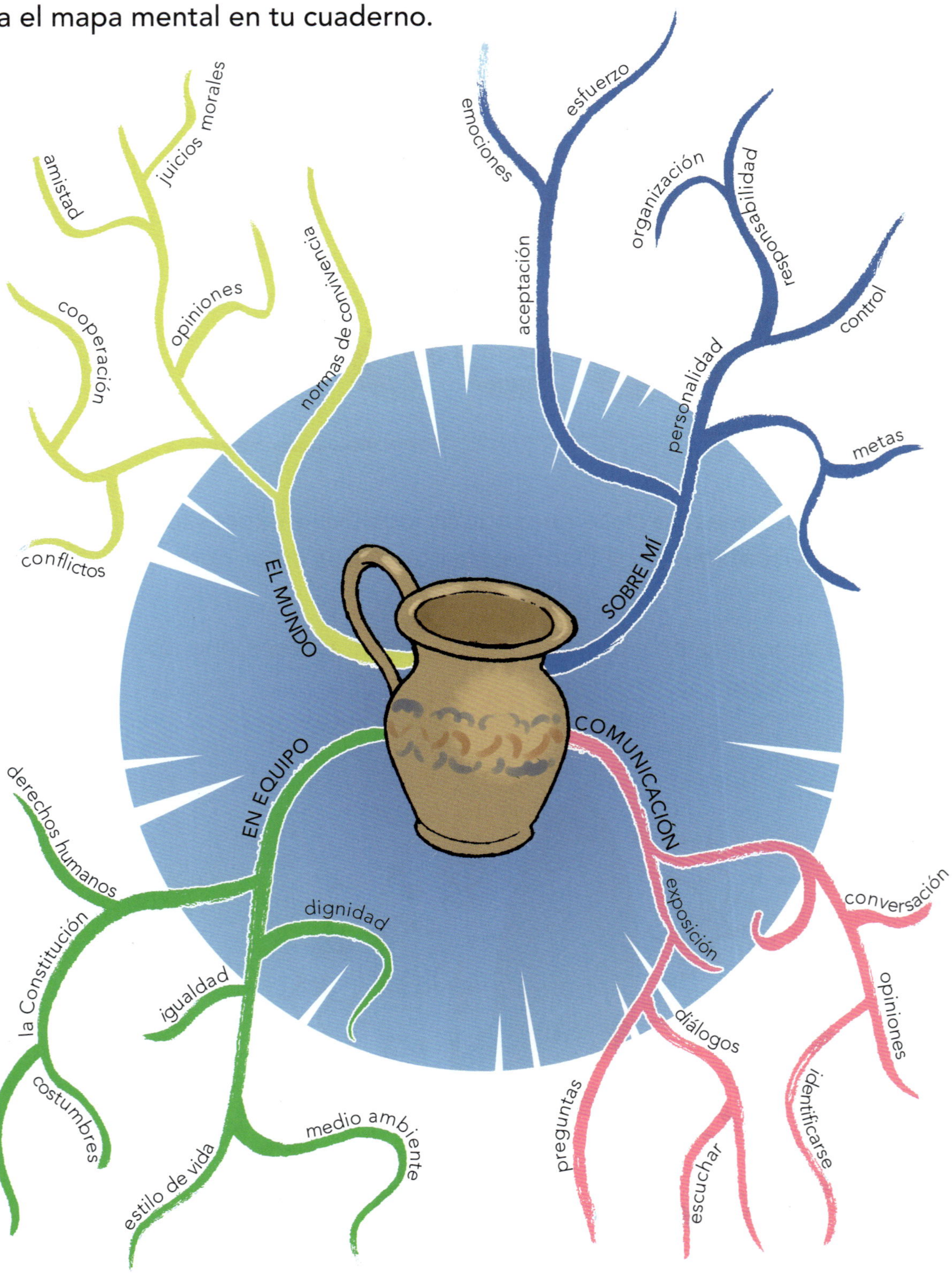

2 Enseña tu mapa mental a tus compañeros y compañeras, dialoga sobre las ideas reflejadas y completa el tuyo si es necesario.

¿Nos evaluamos?

3 Completa esta tabla en tu cuaderno. Ponte nota sobre los contenidos aprendidos en el curso.

	Mal	Regular	Bien	Muy bien	¿Por qué?
Dominar nuestras emociones.					
Dominar nuestros comportamientos.					
Dominar nuestro futuro.					
Descubrir el poder de la palabra.					
Descubrir el poder de conocer gente.					
Descubrir el poder de la dignidad.					
Aprender a llegar a acuerdos.					
Asumir responsabilidades.					
Implicarse en el cumplimiento de las normas.					

Es un proyecto educativo de Anaya para Educación Primaria.

En la realización de este libro han intervenido:

- **Equipo de edición:** Miguel Ángel Muñoz Sanjuán, Manuel Andaluz Sánchez, Rafael Díaz Ayala.
- **Diseño y gráficos:** Patricia G. Serrano, Francisco J. Martín, Juan Carlos Quignon, Miguel Á. Díaz-Rullo.
- **Ilustración:** Alex Orbe, Laura Catalán.
- **Maquetación:** Isabel Román.
- **Corrección:** Encarnación Martín.
- **Edición gráfica:** Nuria González.
- **Fotografías:** Agencia EFE (Katie Dees/ZUMA Press), AGE Fotostock (A. Olney; Imag3s; J. Alexandre; Paul/F1 Online; S. Zhenping/Photoshot; uwe umstätter/imageBroker; Wenn Ltd), Archivo Anaya (Candel, C.; Cosano, P.; Hernández, B.; Lacey, T.; Martín, J. A.; Martínez, C.; Muñoz P., M. A.; Padura, S.; Peñuela Py, E.; Pozo, M.; Rivera J., V.; Sánchez, J.; 6x6 Producción Fotográfica), Asociación Internacional del Teléfono de la Esperanza, Cordon Press (Imago Stock & People; Ole Jorgen Liodden/Nature; Wang Song/Xinhua News Agency), Depositphotos (anrymoscow; belchonock; Gajus-images; Gelpi; ikurukan; iofoto; Luislouro; monkeybusiness; roman023; tassel; Zenina Asya), dzein/123RF, Getty Images (A. Skelley/Digiral Vision; D. Boczarski; Fancy/ Veer/Corbis; J. L. Pelaez Inc/ Blend Images; J. van Hasselt/Corbis; mrs/Moment; M. Stomayor/Moment; Pacific Press/LightRocket; P. Ugarte/AFP; R. Daly/Caiaimage; R. Rohle/Cultura; Scott Camazine/Science Source), iStockPhotos/Getty Images (A. Allais; asantosg; engabito; ijeab; IR_Stone; Koya79; LightFieldStudios; levi086; macrovector; masterSergeant; Milkos; monkeybusinessimages; poco_bw; Polina-Petrenko; ptasha; Rawpixel; SerrNovik; Shaf Bdn; Sherhli Brovko; Solovyova; Vladgrin; Xenal; Zurijeta) , Mandeville Films/Album, Thing Chian Tey.

Las **normas ortográficas** seguidas en este libro son las establecidas por la Real Academia Española en la *Ortografía de la lengua española,* publicada en el año 2010.

Nuestras publicaciones mantienen el rigor en el uso y en la selección de los contenidos, en las imágenes y en el lenguaje, para cumplir con la **no discriminación** por razón de género, cultura u opinión.

IMPORTANTE. Las actividades propuestas en este libro deben ser realizadas en cuadernos u hojas sueltas; nunca en el propio libro.

ISBN: 978-84-698-5356-6 - Depósito Legal: M-322-2019 - Printed in Spain.

ET034991/1E1I - 8390093